Joshua Harris

Ungeküsst und doch kein Frosch

Warum sich Warten lohnt –
radikale neue Einstellungen zum Thema Nr. 1

Über den Autor

Joshua Harris war gerade mal 22, als er dieses Buch – das erste einer ganzen Reihe von Bestsellern – veröffentlichte. Mittlerweile ist er verheiratet, Vater dreier Kinder und Pastor einer großen Gemeinde im US-amerikanischen Bundesstaat Maryland. Und er arbeitet wieder an einem Buchprojekt ...

Joshua Harris

Ungeküsst und doch kein Frosch

Warum sich Warten lohnt –
radikale neue Einstellungen
zum Thema Nr. 1

GerthMedien

Originally published in English under the title:
„I Kissed Dating Goodbye"
Copyright © 1997, 2003 by Joshua Harris
Published by Multnomah Books
a division of Random House, Inc.
12265 Oracle Boulevard, Suite 200
Colorado Springs, Colorado 80921 USA
All non-English language rights are contracted through:
Gospel Literature International
P.O. Box 4060, Ontario, California 91761-1003 USA
This translation published by arrangement with
Multnomah Books, a division of Random House, Inc.
German edition © 1997, 2009 Gerth Medien GmbH, Asslar,
in der Verlagsgruppe Random House GmbH, München
Aus dem Amerikanischen übersetzt von Meike Grabowski.

1. Auflage der Jubiläumsausgabe 2009
2. Auflage 2010
3. Auflage 2012
Bestell-Nr. 816 394
ISBN 978-3-86591-394-4

Umschlaggestaltung: Immanuel Grapentin
Umschlagfoto: Shutterstock Images
Satz: Die Feder GmbH, Wetzlar
Druck und Verarbeitung: CPI Moravia

Inhalt

Vorwort

Hallo! Ich kann mir gut vorstellen, was du gerade denkst: Die ersten Seiten überspringe ich am besten, ist eh nur Blabla!

Moment mal, warte! Dieses Vorwort ist eine Vorbereitung auf das, was dich gleich erwartet. In diesem Buch geht es nämlich tatsächlich um Vorbereitung und Warten. Ich bin froh, dass du dieses Buch in den Händen hältst; vielleicht bleibt dir dadurch unnötiger Schmerz erspart. Mein Leben hat es jedenfalls ganz schön beeinflusst. Lass mich das mal erklären:

Weißt du, ich bin schon lange Joshuas Meinung, wenn es um Beziehungskisten geht (er ist der Autor dieses Buches und ein Freund von mir). Vor Kurzem fragte mich jemand: „Warum soll ich einen Einkaufsbummel machen, wenn ich letztendlich doch nichts kaufen will?" Das trifft es genau. Warum soll ich eigentlich jetzt schon eine Beziehung eingehen, wo ich doch sowieso noch längst nicht heiraten kann und will? Ich bin neunzehn, und obwohl ich noch keinen Freund hatte, konnte ich doch einige meiner Freunde in den letzten Jahren bei diesem Spiel beobachten. Und genau das ist es – nichts Ernstgemeintes, sondern wirklich nur ein Spiel, und es scheint nicht mal das totale Vergnügen zu sein, sondern auch stressig und schmerzhaft. Das ist einer der Gründe, warum ich noch keine Beziehung hatte.

Außerdem weiß ich, dass Gott für mich im Moment andere Pläne hat. Ein fester Freund ist ja etwas, was man nicht mal eben so nebenbei mitnimmt – jedenfalls nicht, wenn man es ernst meint. Und ganz ehrlich gesagt, will

7

ich mich noch gar nicht so in eine Beziehung investieren. Ich habe festgestellt, dass man in meinem Alter mit einer tollen Clique und vielen guten Freunden sowieso viel mehr Spaß hat. Das klingt doch eigentlich recht vernünftig, nicht?

Manchmal bin ich allerdings trotz dieser tollen Überlegungen ziemlich gefrustet. Es gibt niemanden, für den ich mich mal schön machen würde und von dem ich träumen könnte. Und ich habe manchmal ganz schön Sehnsucht nach so jemandem.

Dann las ich dieses Buch, und – das klingt jetzt vielleicht verrückt, aber es stimmt – ich merkte, wie Gott mich durch Joshuas Worte ermutigte. Ich kenne kein Buch, in dem der Autor so ehrlich und so praktisch schreibt wie hier. Joshua ist in unserem Alter (erst Anfang zwanzig), und er weiß, wovon er spricht. Er hat eine lebendige Art, seine Erfahrungen mitzuteilen, scheut sich nicht vor brenzligen Fragen und gibt Antworten, mit denen man wirklich etwas anfangen kann.

An Joshuas Buch gefällt mir besonders, dass er alle seine (manchmal ganz schön mutigen) Aussagen so gut begründet und erklärt, wie man das ganz praktisch umsetzen kann. Ich kenne ihn seit einigen Jahren und kann nur bestätigen: Er lebt, was er sagt.

Also, lass dich herausfordern und ermutigen! Sei nicht überrascht, wenn sich deine Ansichten verändern.

Danke, dass du nicht gleich weitergeblättert hast. Viel Spaß und – halte durch!

Rebecca St. James

Einleitung

Ein Buch ist so ähnlich wie eine Beziehungskiste. Na gut, ich gebe zu, dieser Vergleich hinkt (mit einem Buch würde man wahrscheinlich nicht ins Kino gehen). Aber wenn man ein Buch liest, verbringt man damit viel Zeit. Man hält es fest, schaut es an und widmet ihm ungeteilte Aufmerksamkeit. Ein gutes Buch lässt einen alle Höhen und Tiefen der Gefühle durchleben, es kann einen zum Lachen oder zum Heulen bringen – genau wie eine Beziehung.

Ich hoffe, du bist nicht jemand, der ein Buch nur bis zum dritten Kapitel liest und es dann weglegt. Wenn doch, wird dir dieses Buch nämlich nicht viel bringen. Es erfordert, genau wie eine ernsthafte Freundschaft, eine gewisse Offenheit – die Bereitschaft, auch neue und ganz andere Ansichten akzeptieren zu können. Und die könnten deine Einstellung zum Thema Beziehungen gewaltig verändern. Ich möchte nämlich in diesem Buch eine ziemlich gewagte These aufstellen: Wenn du in einem Alter und/oder einer Lebenslage bist, in der du in den nächsten Jahren keine verbindliche Beziehung (sprich: eine Ehe) eingehen kannst oder willst, dann gib dem ganzen Thema Beziehungskisten zunächst mal den Abschiedskuss!

Was ich nicht sagen werde

Vielleicht bist du jetzt verunsichert: „Beziehungskisten ade? Was hat der Typ gegen Beziehungen? Wie soll man denn jemanden heiraten, wenn man nicht vorher schon was ‚Festes' mit ihm hat? Junge, werd' mal realistisch!" Ich kann deine Bedenken nur zu gut verstehen und werde alle diese Punkte später in diesem Buch ansprechen. Aber um falschen Erwartungen vorzubeugen, sage ich dir gleich, was ich in diesem Buch zum Thema Beziehungen nicht schreiben werde. Versuch erst mal unvoreingenommen zuzuhören, sonst verpasst du, was ich sagen will. Ich sprech' da aus Erfahrung: Mit sechzehn – ich steckte mitten in meiner ersten richtigen Beziehungskiste, die zwei Jahre lief – gab mir meine Mutter das Buch „Eine harte Liebe – Zwischen Reinheit und Leidenschaft" von Elisabeth Elliot. Ich war sofort misstrauisch. Wenn meine Mutter mir ein Buch unterjubelt, bedeutet das, ich habe aus ihrer Sicht ein Problem. Außerdem wurde ich leicht nervös, als ich den Untertitel* las. Mir war sofort klar: Dieses Buch will mir verbieten, meine Freundin auch nur zu küssen (und genau das brauchte ich doch für mein Wohlgefühl so dringend!). Bevor ich das Buch aufschlug, nahm ich mir vor, allem zu widersprechen, was drinstand. Meine Mutter zieht mich noch heute damit auf, dass ich alles über das Thema „Leidenschaft" las und das Kapitel „Reinheit" komplett übersprang. Vor Kurzem habe ich Elisabeth Elliots Buch nochmal gelesen und festgestellt: Wäre ich früher offener gewesen, hätte ich enorm von der Aussage des Buches profitieren können. Doch ich war von Anfang an entschlossen, dem Buch keine Chance zu geben. Ich hoffe, du wirst jetzt nicht den gleichen Fehler machen. Wenn du für den Inhalt dieses Buches offen bleibst, kann es nämlich genau das sein, was du gerade brauchst. Damit du nicht gleich völlig dichtmachst, möchte ich jetzt die zwei häufigsten Ängste zerstreuen, die bei vielen auftauchen, wenn ich davon

---

* Der Untertitel des Originals lautet „Bringing your love life under the authority of God" – „Unterstelle dein Liebesleben der Autorität Gottes"

spreche, dass sich die herkömmliche Denkweise übers „Miteinandergehen" verändern muss.

1. Ich glaube nicht, dass eine feste Beziehung grundsätzlich falsch ist. *Natürlich kann man auf diesem Gebiet viel Mist bauen, aber ich denke, niemand würde (oder will) behaupten, dass feste Beziehungen an sich schlecht sind. Man kann das vielleicht mit einem Essen bei McDonalds vergleichen – es schmeckt auf seine Art ganz gut, und es bringt uns auch nicht um, aber es gibt durchaus gesündere, bessere Nahrung für unseren Körper. Gott möchte, dass wir in jeder Hinsicht unseres Lebens nach dem Besten streben, was er zu bieten hat – unser Liebesleben inbegriffen. Wir Christen geben uns viel zu häufig mit einer „abgespeckten" Vorstellung von den Dingen zufrieden und verpassen dabei Gottes vollkommenen Plan für unser Leben.*

2. Ein Nein zu dieser „weltlichen" Einstellung zu Beziehungen heißt nicht, dass du nie mit einem Angehörigen des anderen Geschlechts zusammen sein solltest. *Es ist ein Unterschied, ob du dich mit jemandem auf einen Kaffee triffst (darüber müssen wir nicht ein ganzes Buch lang sprechen) oder ob du eine Verabredung triffst mit dem Hintergedanken: „Ich will mehr". Genau das beeinflusst unsere Verhaltensweise und prägt unsere Wertvorstellungen. Ich möchte dich ermutigen, deine bisherigen Denk- und Verhaltensweisen ganz neu zu überprüfen.*

Beziehungen an sich sind nicht der springende Punkt

Jetzt komme ich also zu dem, was ich sagen werde. In wenigen Worten: Beziehungen an sich sind nicht der springende Punkt.

Jetzt fragst du dich vielleicht: „Hä? Handelt das Buch denn nicht davon?" Vielleicht (hier kommen wir wieder auf den Vergleich zwischen Beziehungen und Büchern zurück) hast du dieses Buch ja wegen einem der folgenden Gründe in die Hand genommen:

1. Du sehnst dich nach dem Partner fürs Leben, aber das, was du um dich herum an Beziehungskisten siehst, ist absolut nicht dein Ding. Du fragst dich zwar manchmal, ob du vielleicht nicht ganz normal bist, suchst aber trotzdem nach Alternativen.
2. Du hast gerade eine unglückliche Lovestory hinter dir und hast gemerkt, dass das irgendwie schmerzhaft und schlecht für dich war. Erstmal keine Beziehung einzugehen klingt gut.
3. Du befindest dich in einer Partnerschaft, die gesetzte Grenzen überschreitet, suchst aber nach einem Weg, wie du sie nach biblischen Prinzipien leben kannst.
4. Deine Beziehung läuft super, und du bist neugierig, warum jemand keine wollen könnte.

Können Leute mit so unterschiedlichen Erwartungen überhaupt von ein und demselben Buch etwas haben? Ich denke, sie können. Im Kern geht es uns allen nämlich um dasselbe: Wir haben alle denselben Schöpfer und wollen wissen, wie er sich diese ganze Sache mit der Liebe gedacht hat. Seine guten Gedanken und sein Plan für unser Leben sind der wirkliche Kernpunkt. Es ist nicht Sinn und Zweck des Buches herauszufinden, ob Christen überhaupt feste Beziehungen eingehen sollen und wenn ja, wie. Stattdessen hoffe ich, dass du während des Lesens einfach mal deine Verhaltensweisen anschaust (wie gehst du mit Angehörigen des anderen Geschlechts um, wie bereitest du dich auf eine zukünftige Partnerschaft vor, wie bewahrst du deine Unschuld) – und versuchst, diese Bereiche mit Gottes Wort in Einklang zu bringen.

Obwohl das Buch natürlich viel von Beziehungen handelt, sind sie eigentlich nicht das zentrale Thema. Die Kernfrage ist, was Gott uns vorschlägt. Eine Diskussion, ob und wie Beziehungen zu führen sind, ist nur sinnvoll, wenn wir beides betrachten: Gottes Plan für unser Leben und die Rolle, die Liebesdinge darin spielen.

Vermutlich stimmst du nicht in allen Punkten mit mir überein. Wenn du aber dranbleibst und meine Ideen dich zum Nachdenken motiviert haben, ist meine Mission erfüllt. Ich hoffe, dass die nächsten Seiten dazu beitragen, dir Gottes Wünsche und Anregungen für dein Leben etwas näherzubringen.

Der Abschiedskuss für „Nur-mal-so"- Beziehungen

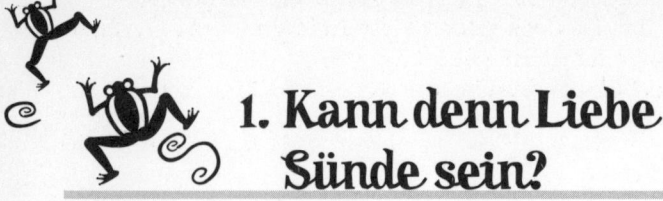

1. Kann denn Liebe Sünde sein?

Vom „Gut-Anfühlen" zum „Gut-Sein"

Endlich war er da – Annas Hochzeitstag! Der Tag, von dem sie seit Monaten geträumt und den sie intensiv geplant hatte. In der malerischen kleinen Kirche drängten sich Freunde und Familienmitglieder. Sonnenlicht fiel durch die bunten Kirchenfenster, als Anna den Mittelgang hinunter schritt. Vorne erwartete sie ihr zukünftiger Mann David. Freude erfüllte sie. Auf diesen Moment hatte sie so lange gewartet! Sanft nahm David ihre Hand, dann wandten sie sich gemeinsam dem Altar zu.

Als der Pfarrer sie aufforderte, das Treuegelöbnis abzulegen, passierte etwas Unglaubliches: In der Menge erhob sich plötzlich eine junge Frau, trat leise zum Altar und ergriff Davids andere Hand. Eine zweite kam und stellte sich neben die erste, eine dritte folgte. Und so standen sechs junge Frauen neben David, während er sein Treuegelöbnis für Anna ablegte.

Annas Lippen begannen zu zittern, und Tränen traten in ihre Augen. „Das ist doch nur ein schlechter Scherz, oder?", fragte sie ganz leise.

„Es . . . es . . . es tut mir leid, Anna", antwortete David und starrte auf den Boden.

„Wer sind diese Frauen, David? Was geht hier vor?", stammelte sie.

„Es sind meine Ex-Freundinnen", antwortete er bedrückt. „Anna, sie bedeuten mir überhaupt nichts mehr . . . aber ich habe jeder einzelnen damals ein Stück meines Herzens gegeben."

„Ich dachte, dein Herz gehört nur mir", sagte sie.

„Ja, das ist doch auch so", verteidigte er sich. „Alles, was davon übrig ist, gehört dir allein."

Eine Träne rann über Annas Wange. Dann wachte sie auf.

Hintergangen

Anna schrieb mir in einem Brief von diesem Traum. „Als ich aufwachte, fühlte ich mich so schrecklich hintergangen. Aber dann war ich wie gelähmt von einem sehr unangenehmen Gedanken: Wie viele Männer würden sich neben mir aufstellen? Wie oft habe ich mein Herz in kurzlebigen Beziehungen verschenkt? Bleibt für meinen Ehemann überhaupt noch etwas übrig?"

Ich denke oft an Annas Traum. Dieses schreckliche Bild verfolgt mich. Es gibt einige Mädchen in meiner Vergangenheit. Was wäre, wenn sie an meinem Hochzeitstag plötzlich auftauchten? Was würden sie den Glückwünschen hinzufügen?

„Hallo, Joshua. Das waren ja ganz schön anmaßende Versprechen, die du heute vor dem Altar gemacht hast. Ich hoffe, du bist mittlerweile besser darin, deine Versprechen zu halten, als damals bei mir."

„Oh, siehst du süß aus in dem Smoking! Und was für eine hübsche Braut. Weiß sie denn auch von mir? Verzauberst du sie nun mit den Zärtlichkeiten, die du früher in mein Ohr geflüstert hast?"

Wenn ich heute zurückblicke, bedaure ich diese früheren Beziehungen. Ich versuche mein Bestes, sie zu vergessen. Ich weiß, dass Gott mir vergeben hat, denn ich habe ihn darum gebeten. Ich weiß, dass die Mädchen mir vergeben haben, denn ich habe auch sie darum gebeten.

Trotzdem bin ich traurig, weil ich in meiner Vergangenheit zu vielen Mädchen mein Herz geschenkt habe.

So isses eben

Als ich ein Teenie war (was gerade mal zwei Jahre her ist!), gehörten Flirts einfach zum Leben dazu. Wenn ich mal keine feste Freundin hatte, war ich doch zumindest bis über beide Ohren in ein Mädchen verknallt.

In der 8. Klasse fingen meine Freunde und ich an, Mädchen „aufzureißen" und mit ihren Gefühlen zu spielen. Mit einem Mädchen zu gehen bedeutete nicht viel mehr als ein gemeinsamer Kinobesuch. Keine große Sache. Wir machten Mädchen an – und genauso schnell wieder Schluss. Unsere einzige Sorge war, nicht sitzen gelassen zu werden – schließlich wollten wir sie verlassen. Eine Bekannte brachte es ganz cool: Wenn sie eine Beziehung leid war, sagte sie zu dem Jungen: „Kleiner, du bist gerade abgestürzt!"

Mir ist mal Folgendes passiert: Ich stand neben einem Mädchen, das ich sehr mochte. Sie telefonierte mit ihrem Freund, machte kurzerhand mit ihm Schluss, legte den Hörer auf und küsste mich – damit waren wir ein „offizielles Pärchen".

Schon bald genügte es nicht mehr, nur mit jemandem zu „gehen". Wir begannen, auf der körperlichen Ebene unsere Erfahrungen zu sammeln, intimer zu werden. Heute kann ich über unsere Unreife nur den Kopf schütteln. Die Annäherungsversuche in dieser Zeit hatten weder mit Liebe noch mit wirklicher Zuneigung zu tun. Wir ahmten nur nach, was wir bei älteren Jugendlichen oder in Filmen sahen. Es gab uns damals das Gefühl, erwachsen zu sein. In Wirklichkeit war es genau das Gegenteil.

Gut, dass sich unser Verhalten zumindest ansatzweise änderte. Mit dreizehn entschied ich mich ernsthaft für Jesus und engagierte mich in der Jugendgruppe unserer Kirche. Ich klebte einen „Wahre Liebe wartet"-Aufkleber auf meine Bibel und versprach, keinen Sex vor der Ehe zu haben. Leider trug die Jugendgruppe wenig dazu bei, meine unreife Vorstellung von Beziehungen zu korrigieren. Selbst in der Kirche gab es beliebte Flirtspielchen.

Wir brachten dafür sogar mehr Begeisterung auf als für den Lobpreis und die Predigt. Während der Gottesdienste ließen wir Briefchen rumgehen, in denen wir austauschten, wer wen mag, wer mit wem zusammen ist und wer mit wem Schluss gemacht hat.

Mit fünfzehn wurde mein Verständnis von Beziehungen sehr viel konkreter. Denn in diesem Sommer lernte ich Kelly kennen. Sie war hübsch, hatte blonde Haare und war fünf Zentimeter größer als ich. Das war mir egal. Kelly war bei allen sehr beliebt, doch ich war der Einzige in der Jugendgruppe, der sich traute, sie anzusprechen. Es funkte zwischen uns.

Kelly war meine erste „richtige" Freundin. In der Jugendgruppe akzeptierten uns alle als Paar. Wir feierten jeden Monat Jubiläum. Kelly kannte mich besser als alle anderen. Täglich quatschten wir stundenlang am Telefon, oft bis spät in die Nacht. Wir sprachen über alles und nichts. Wir dachten, Gott habe uns füreinander geschaffen. Wir planten, eines Tages zu heiraten, und ich versprach ihr, sie immer zu lieben.

Aber wie viele andere Jugendlieben war auch unsere etwas vorschnell. Zu viel, zu früh. Wir wussten, dass wir uns körperlich nicht so nahe sein konnten und durften, wie wir es gefühlsmäßig waren. Das führte zu anhaltender Spannung, die uns fertig machte. Schließlich wurde es zu krass.

„Wir müssen uns trennen", sagte ich ihr eines Abends nach einem Film. Wir wussten beide, dass es notwendig war.

„Gibt es für uns später noch einmal eine Chance?", fragte sie.

„Nein." Ich versuchte, resolut zu klingen. „Nein, es ist vorbei, für immer."

Damit beendeten wir unsere zweijährige Beziehung.

Was Besseres

Als Kelly und ich uns trennten, war ich siebzehn. Meine Vorstellung von Beziehungen hatte damit einen ganz schönen Knacks erlitten. Irgendwie hatte ich die Sache überhaupt nicht so im Griff gehabt, wie ich mir das vorgestellt hatte. Ich bin Kompromisse eingegangen und war total frustriert und verwirrt. „Muss das so sein?", fragte ich mich. Diese Sache war insgesamt nicht völlig in die Hose gegangen, aber sie war nicht so gelaufen, wie ich mir das wünschte, und auch nicht so, wie ich Gottes Ideen zu diesem Thema bisher verstanden hatte. Dabei hatte ich mir wirklich Mühe gegeben. Aber das hier konnte es einfach nicht sein – ich wollte etwas anderes. Und damit wandte ich mich an Gott: „Ich will doch nur das Beste, was du für mich vorbereitet hast! Keine Kompromisse und halben Sachen mehr! Bitte gib mir was Besseres!"

Das passierte auch prompt – allerdings ganz anders, als ich es erwartet hatte. Ich hatte gedacht, Gott würde mir nun entweder die perfekte Freundin hinstellen oder mir die Sehnsucht nach einer Beziehung völlig nehmen. Aber nein – stattdessen stieß ich in der Bibel immer wieder auf Verse, die mir zeigten, dass ich Gott mein Liebesleben komplett anvertrauen sollte. Das hatte ich vorher nie ernsthaft in Betracht gezogen – ich wollte zwar das Beste von Gott, war aber auf der anderen Seite nicht bereit, seine Spielregeln ganz und gar zu akzeptieren.

 In den letzten vier Jahren habe ich kapiert, dass Gott an meiner Einstellung zur Liebe nicht bloß ein bißchen rumschrauben, sondern sie völlig neu gestalten will. Es geht nicht darum, nur mein Verhalten zu ändern. Nein, Gott möchte, dass ich das ganze Paket von Liebe, Sehnsucht und Single-Dasein aus seiner Perspektive sehe und dann danach lebe.

Die Basis hierfür ist die von mir so genannte „schlaue Liebe", die Paulus im Philipperbrief 1,9–10 beschreibt:

„Ich bete darum, dass eure Liebe immer reicher und tiefer wird, je mehr ihr Gottes Willen erkennt und euch danach richtet. So lernt ihr entscheiden, wie ihr leben sollt, um am Gerichtstag Jesu Christi untadelig und ohne Schuld vor euern Richter treten zu können."*

„Schlaue Liebe" hilft uns zu sehen, was Gott für geniale Sachen mit unserem Leben vorhat, und das hilft uns dann, keine faulen Kompromisse mehr einzugehen.

Gefühl oder Trieb?

Man kann Philipper 1,9–10 noch viel verständlicher ausdrücken: „Kennst du saubere Liebe? Für sie musst du dein Hirn einschalten und deine Gefühle checken: Sind sie ehrlich und durchdacht – nicht nur ein Anfall von Gefühlstrieb?"

Haben bei dir auch schon mal die Gefühle die Zügel in die Hand genommen und die Richtung für eine Freundschaft angegeben? Da bist du nicht der Einzige. Viele Pärchen *wissen* ziemlich genau, was sie tun und lassen wollen. Aber die Hormone machen ihnen da manchmal einfach einen Strich durch die Rechnung.

Ich habe mich auch schon auf diese Gefühlskiste eingelassen: Bei meinen Flirts war ich oft unheimlich oberflächlich und hinterlistig. Ich täuschte bei den Mädels die totale und selbstlose Hingabe vor. „Ich liebe dich" gehörte fast schon zu meinen Standardsätzen. In Wahrheit war ich berechnend und wollte in erster Linie profitieren. Mein eigener „Marktwert" sollte mithilfe einer angesagten Freundin steigen. Außerdem wollte ich so meine gefühlsmäßigen und körperlichen Bedürfnisse stillen. Von „schlauer Liebe" kann da gar keine Rede sein – wenn man für so was überhaupt das Wort Liebe missbrauchen will, war es wohl eher „idiotische Liebe"! Denn ich ent-

---

* *Gute Nachricht für dich*, Deutsche Bibelgesellschaft

schied mich für das, was sich für mich gut *anfühlte*, anstatt für das, was gut *ist*.

Für die „schlaue Liebe" müssen wir nicht nur unseren Kopf, sondern auch unser Herz einschalten. Paulus sagt, dass Liebe mit der Zeit an Einsicht und Verständnis immer reicher wird: Wir müssen das wirklich Wichtige einer Sache erkennen und dann mit absoluter Gewissheit diesen Standpunkt auch vertreten können. Dann kapieren wir auch die tatsächliche Motivation unserer Gedanken und Handlungen.

Vielleicht kannst du mir mit dieser Definition im Hinterkopf die folgenden Fragen beantworten: Welche Motivation hat wohl ein Junge, der mit seiner Freundin schläft, weil er so auf sie abfährt und es sich auch so gut anfühlt, und der dabei ihre Gefühle verletzt und sich zwischen sie und Gott stellt? Liebe? Welche Motivation hat ein Mädchen, das einen Jungen erst anmacht, ihn aber sofort fallen lässt, sobald ein interessanterer Typ auftaucht? Ehrlichkeit?

Beide handeln aus purem Egoismus. Sie brauchen mehr von der „schlauen Liebe", um zu verstehen, wie sehr ihr Verhalten andere verletzt.

In den letzten paar Jahren habe ich diese „schlaue Liebe" zu meiner Philosophie gemacht. Dabei habe ich ein paar ganz schön schwerwiegende Entschlüsse für mein Leben getroffen:

 Solange ich mir nicht vorstellen kann, mit einem Mädchen den Rest meines Lebens zu verbringen, habe ich kein Recht darauf, dass sie mir ihr Herz schenkt. Denn sonst würde ich sie wieder nur zur Befriedigung meiner Bedürfnisse benutzen – ihre Wünsche wären mir dabei egal.

Ob ich nicht gerne jetzt schon eine Freundin hätte? Na klar, darauf kannst du Gift nehmen. Aber ich weiß, dass eine feste Freundin für mich momentan nicht das Beste wäre (ich auch nicht für sie!). Und bis Gott mir zeigt, dass es soweit ist, habe ich dafür lieber viele „Kumpel-Freund-schaften" mit Mädchen und versuche, mir keinen Stress zu machen.

Wie erkenne ich das Beste?

Ein Aspekt der „schlauen Liebe" ist das Warten. Wenn unsere Liebe an Erkenntnis immer reicher wird, fällt es uns auch viel leichter zu verstehen, was das Beste für uns ist. Und diesen Durchblick brauchen wir doch alle, oder?

Wenn wir uns auf etwas „Festes" einlassen, sind noch ein paar knifflige Fragen zu klären. Versteh mich jetzt nicht falsch – ich glaube an die große Liebe. Aber in einer Partnerschaft muss man sich nicht immer nur zwischen Schwarz und Weiß entscheiden. Vielmehr müssen wir alle Bereiche in ihr unter die Lupe nehmen, um sicherzu-stellen, dass wir keine Grenzen überschreiten – zum Bei-spiel, um nicht irgendwann im Bett zu landen, was wir eigentlich viel lieber vermieden hätten.

Wie verhältst du dich zum Beispiel, wenn dich jemand in deiner Klasse um ein „Date" bittet? Woher weißt du, dass die- oder derjenige nicht vielleicht mehr von dir will? Vielleicht schwebst du zurzeit ja auch auf Wolke 7, hast gerade den ersten richtigen Kuss bekommen und fragst dich nun, ob du dich richtig verhältst. Unter dem Stichwort „Beziehung" wirst du in der Bibelkonkordanz nicht viel Brauchbares finden.

Wie und wo finden wir Antworten auf diese Fragen? Tja, hier spielt nun die „schlaue Liebe" eine wichtige Rolle. Gott möchte, dass wir uns an seinem Wort orien-tieren – nicht an unseren Gefühlen oder Trieben.

„Schön und gut, aber was ist denn bitte schön mit meinen Wünschen und Bedürfnissen? Die kann ich doch nicht ein-fach abhaken, oder?", fragst du dich vielleicht. Aber genau hier kommt der Clou der Sache: Wenn Gott und das

> Wohl anderer Menschen für uns Vorrang haben, befinden
> wir uns automatisch in einer Wechselbeziehung, in der
> wir von Gott nur mit dem Besten überhäuft werden! Und
> dabei werden unsere Bedürfnisse keineswegs vernachläs-
> sigt – im Gegenteil!

Lass mich das erklären:

Früher legte ich fest, wie meine Beziehungen aus-
schauen sollten – nicht Gott. Ich war ein kleiner Egoist:
Jeder hatte sich gefälligst meinen Wünschen zu beugen.
Aber glücklich war ich dabei nicht – es ging mir dreckig,
denn ich habe damals nicht nur andere verletzt, sondern
auch mich selbst. Und ich habe Gott enttäuscht.

Seit es für mich das Wichtigste ist, Gott zu gefallen und
anderen ein toller Kumpel zu sein, auf den sie zählen
können, hat sich alles verändert. Ich bin total zufrieden.
Als ich aufhörte, Mädels immer gleich als potenzielle
Date-Kandidatinnen zu sehen, und sie stattdessen als
„Schwestern im Herrn" akzeptierte, entdeckte ich, wie
viel mehr diese reinen Freundschaften mir eigentlich
geben. Vielleicht hast du das ja auch mal erlebt: Auf jeder
Freizeit oder Jugendveranstaltung habe ich mir den totalen Stress gemacht, indem ich im Augenwinkel immer
die Mädels „abgecheckt" habe. Als ich aufhörte, ständig
auf der Lauer zu liegen, um die Frau meines Lebens ja
nicht zu verpassen, sondern begann, auf Gottes Zeitplan
zu vertrauen, entdeckte ich erst, wie wertvoll mein jetzi-
ges Singledasein mit all seinen Freiheiten in Gottes Augen
ist. Oberflächliche „Mal probieren"-Beziehungskisten sind
seither für mich out.

Rein und unschuldig

Ein Resultat der „schlauen Liebe" sind Reinheit und
Schuldlosigkeit – nicht nur im sexuellen Bereich. Gott
möchte auch, dass unsere Gedanken und Gefühle „sauber" bleiben.

Heißt das, wir werden nie wieder Mist bauen? Nein, Quatsch!

Gott ist uns nur deshalb so nah, weil er aus totaler Gnade seinen Sohn Jesus Christus (schuldlos!) für uns ans Kreuz nageln ließ. Das ist aber keineswegs ein Freibrief für uns, nun lustig weiter zu sündigen, da die Schuld ja bereits bezahlt ist. Im Gegenteil, seine überdimensionale Gnade uns gegenüber sollte uns vielmehr inspirieren, ihm noch viel mehr gefallen zu wollen!

Auf dem College kamen Ben und Alyssa zusammen. Sie waren total begeistert voneinander und wollten nach der Abschlussprüfung heiraten. Ben war überzeugt, sie sei „die Richtige".

Er schrieb mir von den wahnsinnig hohen Ansprüchen, die er in seinen bisherigen Beziehungen an sich selbst gestellt hatte. Bei Alyssa war das anders. Während Ben seine Ex-Freundinnen höchstens geküsst hatte, war dies für Alyssa eher eine „Sportart" wie jede andere. „Wenn sie diesen ganz bestimmten Blick in ihren großen braunen Augen hatte, konnte ich nicht widerstehen", schrieb mir Ben. Ihre Freundschaft spielte sich schon bald hauptsächlich auf der körperlichen Ebene ab. „Jungfrauen" sind beide eigentlich nur noch im technischen Sinn.

Ein paar Monate später bekam Alyssa Chemie-Nachhilfe von einem anderen Jungen. Ben sagt: „Tja, das war wohl ein Fehler. Zuerst beschäftigten sich die beiden mit chemischen Reaktionen, aber dann kam es bei ihnen zur hormonellen Explosion!" Alyssa machte Schluss mit Ben, und schon am nächsten Tag lief sie Arm in Arm mit ihrer neuen Eroberung herum.

„Ich war fix und fertig", schrieb mir Ben. „Ich hatte die ganze Zeit meine bisherigen Ansprüche verdrängt, aber viel schlimmer noch, ich hatte Gott enttäuscht. Schließlich war sie definitiv nicht die Frau, die ich einmal heiraten würde." Mehrere Monate wurde Ben von Schuldgefühlen geplagt, bevor er Gott um Vergebung bat und beschloss, den gleichen Fehler nicht ein zweites Mal zu begehen. Wie sieht es mit Alyssa aus? Was geht ihr wohl durch den Kopf, wenn sie Ben in der Aula oder in der Cafeteria trifft? Weiß sie, dass Ben seine moralischen Vorstellungen ihretwegen in den Wind geschossen hat? Hat sie Gewissensbisse, weil sie sein Herz gebrochen hat? Oder ist ihr das alles schnuppe?

Ich habe dir erklärt, wie Gott meine Einstellung zu Beziehungskisten geändert hat, wie ich mein Leben in diesem Bereich führen will und darauf warte, dass Gott mir zeigt, wann ich reif genug bin, um in den Hafen der Ehe einzulaufen. Aber warum schreibe ich darüber ein Buch? Wieso glaube ich, dass es irgendjemanden interessiert, wie ich darüber denke? Meine Antwort: Ich bin davon überzeugt, dass Gott dich genauso herausfordern möchte wie mich!

Ich denke, es ist höchste Zeit, dass wir uns das Chaos eingestehen, das unsere egoistischen, oberflächlichen Liebeleien hinterlassen haben. Vielleicht wirkt das ganze „Miteinandergehen" wie ein lustiges, unschuldiges Spiel, aber ich weiß, dass wir dabei den anderen und uns selbst tief verletzen können. Mit welchen Entschuldigungen können wir uns rausreden, wenn wir vor Gott für unser Verhalten Rechenschaft ablegen müssen? Wenn nicht mal ein Spatz vom Himmel fallen kann, ohne dass Gott es bemerkt (Matthäus 10,29), glaubst du dann wirklich, er könnte den Gefühlsschlamassel und die zerbrochenen Herzen übersehen, die wir mit unseren egoistischen Flirts verursacht haben?

Vielleicht betreiben alle um uns herum diese Liebesspielchen. Aber wir müssen später nicht vor ihnen Rechenschaft ablegen, sondern vor Gott. In meiner Jugendgruppe wusste niemand von den Kompromissen, die ich mit meinen Ex-Freundinnen einging. Für sie war ich der anständige Joshua. In Lukas 12,2 sagt Jesus: „Nichts aber ist verhüllt, was nicht enthüllt werden wird, und nichts verborgen, was nicht bekannt werden wird."

Was wir mit den ADAGs (Angehörige des anderen Geschlechts) gemacht haben, ist Gott keineswegs entgangen; trotzdem gibt es gute Nachrichten: Der Gott, der alle unsere Fehltritte sieht, ist nämlich auch bereit, uns den ganzen Mist zu vergeben, wenn wir ihn darum bitten. Er möchte, dass wir ein neues Leben ohne diese Sünden führen.

Ich weiß, dass Gott mir meine Fehler, auch bezüglich der Mädchen, vergeben hat und möchte, dass ich mit der „schlauen Liebe" als Kapitän einen neuen Kurs einschlage. Außerdem motiviert mich Gottes Liebe, für ihn „sauber" zu bleiben. Wie sieht es mit dir aus? Sind Reinheit und Schuldlosigkeit vor einem allsehenden und allwissenden Gott auch für dich das Wichtigste?

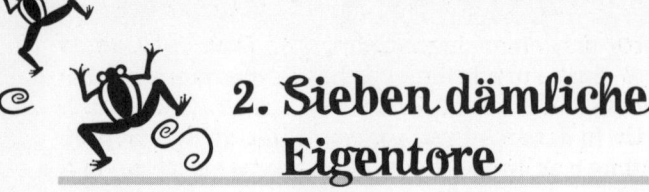

2. Sieben dämliche Eigentore

Schädliche Gewohnheiten ablegen

Als ich jünger war, gab mir meine Mutter zwei Tipps fürs Einkaufen:

1. Geh nie einkaufen, wenn du Hunger hast.
2. Besorg dir einen funktionstüchtigen Einkaufswagen.

Mit dem ersten Tipp habe ich keine Schwierigkeiten. Aber ich scheine eine Art magnetische Anziehungskraft auf verrostete Einkaufswagen mit quietschenden Rollen zu haben, die klingen, als würde jemand mit seinen Fingernägeln über eine Tafel kratzen

Am allerschlimmsten sind die höchst eigenwilligen Wagen mit einem „Drall". Ist dir das auch schon mal passiert? Du willst eigentlich geradeaus fahren, aber er zieht ständig nach links und knallt voll gegen die ordentlich aufgestapelten Katzenfutterdosen – peinlich! Gerät man an einen solchen Einkaufswagen, hat man keine Chance. An jeder Ecke gibt es einen gnadenlosen Machtkampf: Wer hat den stärkeren Willen und wird gewinnen?

Warum um alles in der Welt erzähle ich in meinem Buch Supermarktgeschichten? Na ja, sie erinnern mich an ähnliche Machtkämpfe in meinem Denken über Beziehungen. Man kann dieses Problem der bockigen Einkaufswagen mit dem verzwickten Thema der Beziehungskisten vergleichen: Wir haben unsere eigenen Vorstellungen und Ansichten, wie Beziehungen aussehen sollen (wie der sture Einkaufswagen), die Gott so aber gar nicht geplant hat. Ich werde das jetzt sofort näher erklären.

Selbstbeherrschung allein bringt's nicht

Ich hörte mal einen Jugendleiter, der über das Thema „Liebe & Sex" sprach. Er erzählte die herzzerreißende Geschichte von Eric und Jenny, die noch vor einigen Jahren aktiv in seiner Jugendgruppe mitgearbeitet hatten. Am Anfang war ihre Freundschaft absolut harmlos – mal ein Kinobesuch, mal eine Runde Minigolf. Im Laufe der Zeit kamen sie sich auch körperlich näher, bis sie schließlich miteinander schliefen. Kurz darauf trennten sie sich, frustriert und verletzt.

Ein paar Jahre später traf der Jugendleiter die beiden beim Klassentreffen. Jenny war verheiratet und hatte ein Kind, Eric war immer noch Single. Beide erzählten ihm unabhängig voneinander an diesem Abend von den Schuldgefühlen und den tiefen Wunden aus ihrer früheren, intimen Freundschaft.

„Wenn ich Eric sehe, kommt der ganze Mist wieder hoch", meinte Jenny heulend.

Eric ging es nicht anders: „Wenn ich sie sehe, merke ich, dass ich damit immer noch nicht klarkomme. Ich komme nicht ganz los von ihr."

Als der Jugendleiter mit der Geschichte fertig war, herrschte Totenstille. Wir waren ganz schön betroffen. Einige von uns konnten sich mit Jenny und Eric identifizieren oder hatten so was bei Freunden schon miterlebt. Eigentlich wollten wir jetzt ganz schnell eine Lösung hören.

Wir bekamen sie nicht! Seiner Ansicht nach bestand der einzige Fehler darin, dass die beiden der Versuchung nicht standgehalten hatten. Jeder hätte den anderen bloß mehr respektieren müssen, so sagte er. Es fehlte einfach bei beiden Selbstdisziplin. Der Jugendpastor war zwar gegen Sex vor der Ehe, bot aber keine praktischen Hilfen an, wie man das durchhalten kann.

Ist das die Lösung: Den gleichen Weg wie Eric und Jenny einzuschlagen und im entscheidenden Moment dann einfach darauf zu hoffen, dass man sich zusammenreißen kann? So ein Rat ist doch, als ob man jemanden mit diesem unberechenbaren Einkaufswagen durch ein exklusives Porzellangeschäft schickt. In engen Gängen, vollgestopft mit teuren Glaswaren, soll derjenige nun den Karren mit dem starken Linksdrall lenken! Ich glaube, das kann so gar nicht funktionieren. Es geht nicht darum, eine bessere Technik im Wagenlenken zu erlernen oder ins Krafttraining zu gehen, damit man die Oberhand über das Gerät bekommen kann. Nicht unser Umgang mit dem Wagen ist das Problem, sondern der Wagen selbst!

Trotzdem versuchen wir genau das in unserem Leben. Um uns herum sehen wir die gescheiterten, voreiligen Freundschaften, aber wir selbst bleiben ebenfalls auf diesem Schlingerkurs. Wir wollen zwar auf dem schmalen, geraden Weg bleiben und Gott gefallen, klammern uns aber weiterhin an den störrischen, abdriftenden Wagen, anstatt einfach einen anderen zu nehmen.

Schädliches Daten

Wir kommen ins Schleudern, wenn wir uns die allgemeine Meinung übers „Miteinandergehen" zum Maßstab machen. Eric und Jenny hatten anfangs bestimmt gute Vorsätze. Ihre Freundschaft zerbrach, weil sie sich vom ganz normalen Verständnis unserer Gesellschaft von der Liebe beeinflussen ließen. Als Erwachsene spüren sie immer noch die Auswirkungen.

Die folgenden „Sieben dämlichen Eigentore" zeigen Fehler auf, die in Partnerschaften häufig gemacht werden. Vielleicht kannst du dich mit dem einen oder anderen identifizieren (ich kann es!!).

1. Intimität – ja! Verantwortung – nein danke!!!

Aimee und Troy lernten sich in der Highschool kennen. Er war ihr Traumtyp. Acht Monate waren die beiden unzertrennlich. Dann machte Troy aus heiterem Himmel Schluss – er wollte sie einfach nicht mehr sehen.

„Unsere Trennung war das Schlimmste, was mir je passiert ist", erzählte mir Aimee später. Sie waren nie übers Küssen hinausgegangen, aber Aimee hatte sich Troy gefühlsmäßig total ausgeliefert. Troy dagegen genoss zwar die Zärtlichkeiten mit ihr, kratzte aber die Kurve, als es darum ging, Verantwortung für die von ihm geweckten Gefühle zu übernehmen.

Na, das hörst du bestimmt nicht zum ersten Mal. Ging es einem deiner Freunde ähnlich? Ist es dir auch schon passiert? Aimee und Troy kamen wie viele andere Pärchen zusammen, ohne über die Verantwortung nachzudenken, die man dem anderen gegenüber hat – wie ergeht es ihm, wenn eines Tages plötzlich Schluss ist? Natürlich könnten wir jetzt einfach Troy die Schuld an allem geben, aber ich möchte noch eine Frage stellen: Warum lassen sich so viele Teenies überhaupt auf eine Beziehung ein? Dreht es sich nicht häufig nur um Sex (der fängt ja nicht erst beim Miteinander-Schlafen an)? Körperliche Befriedigung soll drin sein, aber bitte ohne langfristige Verpflichtung.

Es ist äußerst gefährlich, intimer miteinander zu werden, ohne sich vorher über die damit verbundene Verantwortung im Klaren zu sein. Stell dir vor, du gehst klettern. Du hängst in 2.000 m Höhe an der steilen Bergwand, dein Kumpel weiß aber nicht so genau, ob er die Verantwortung, dich zu sichern, überhaupt übernehmen will. Er klinkt sich aus, und du hängst dumm da. So ist es häufig in einer Freundschaft: Der eine wagt sich auf neues Terrain (körperlich und gefühlsmäßig) und macht sich damit abhängig, der andere geht ein Stück weit mit – und stellt dann überraschend fest, dass er doch noch nicht soweit ist, diese Verantwortung zu übernehmen.

Zärtlichkeit ist ein geniales Geschenk von Gott. Allerdings „funktioniert" sie nicht einfach freischwebend im luftlee-ren Raum. Um Zärtlichkeit und körperliche Nähe richtig genießen zu können, gehören Geborgenheit, Sicherheit und Vertrauen dazu – und die gibt es nur im Doppelpack mit Verbindlichkeit und Liebe. Dann ist Intimität wie das Sahnehäubchen auf einem dicken, saftigen Stück Kirsch-torte: Sie gibt dem Ganzen erst den richtigen Genuss-Kick. Wenn wir Zärtlichkeit und Nähe nur körperlich und losgelöst von allem anderen haben wollen, ist sie nur die Sahne – ohne Kuchen. Dafür ist aber Sahne nicht gedacht, sondern als Krönung und leckere Ergänzung zu einem Superkuchen. Wenn man sie pur isst, schmeckt sie eigent-lich gar nicht mal besonders – zu süß, zu fett und ganz schnell im Mund zergangen, macht sie einem höchstens Bauchweh. Erst mit dem Kuchen zusammen wird's richtig gut.

Ein Kuchen braucht aber viele Zutaten, einige Arbeit mit der Zubereitung und eine ziemlich lange Backzeit; Sahne gibt's heutzutage sprühfertig aus der Dose – kurz schüt-teln, und los geht's. Besonders in kurzen Liebeleien wäh-rend der Schulzeit geht es hauptsächlich darum, ganz schnell vorhandene Bedürfnisse zu stillen und vom anderen zu profitieren, ohne viel von sich selbst zu geben.

Das war nicht immer so. Im Gegenteil, eigentlich ist diese ganze Beziehungs-Philosophie noch sehr jung. Ich glaube, dass das „Miteinandergehen" eine Auswirkung unserer vergnügungssüchtigen Wegwerf-Gesellschaft ist – ex und hopp! Bevor Zeitschriften wie „Bravo" mit dem Dr.-Sommer-Team auf den Markt kamen, um den Leuten Tipps für das Liebes- und Sexualleben zu geben, dachte man da noch ganz anders. Jahrhundertelang vor-her herrschte ein völlig anderes Konzept, wie man eine Liebesbeziehung anbahnt: Noch bis zum Anfang des 20. Jahrhunderts gingen ein Junge und ein Mädchen nur weiter als bis zu netten Gesprächen mit Anstandsdame, wenn sie auch fest planten zu heiraten. Wenn ein junger Mann ein Mädchen zu Hause besuchte, war eigentlich klar, dass er um ihre Hand anhalten würde. „Nur mal so" zusammen sein „zum Ausprobieren" war nicht drin. Und ich möchte nicht behaupten, dass die Leute damit schlechter gefahren sind als wir heute.

Neue, lockere Ansichten in unserer Gesellschaft und die Erfindung des Autos brachten dann radikale Veränderungen; man war nun viel mobiler und konnte zwangloser leben. Aber diesen Lebensstil gibt es erst seit kurzer Zeit, auch wenn es uns heute so vorkommt, als wäre es schon immer so gewesen. Aufgrund dieser Lebensweise können die Leute mal hier, mal da ein bisschen Liebe ausleben, ohne auch nur an Verbindlichkeit zu denken. Wenn einem jungen Mann früher ein Mädchen gefallen hat, hat er sie sehr langsam im Hinblick darauf betrachtet und kennengelernt, ob sie vielleicht in nicht allzu ferner Zukunft seine Frau sein könnte. Sich darüber klarzuwerden war der einzige Sinn und Zweck des Kennenlernens, also sozusagen der Vorstufe zu einer Beziehung. Mit so einem Gedanken im Hinterkopf ging man ganz anders an solch ein Kennenlernen heran. Die beiden durften sich zunächst mal nicht allein begegnen; es entstand also gar nicht erst eine Situation, die zu sexueller Spannung führen konnte.

Große Nähe ohne „Wellenbrecher" und ohne die Bereitschaft, sich für den anderen verantwortlich zu fühlen, weckt erst mal sexuelle und emotionale Wünsche, mit denen man dann umgehen muss – und das ist ganz schön schwer! Damals vermied man daher solche Situationen schon im Voraus – und ehrlich gesagt finde ich dieses Konzept gar nicht mal so dumm.

2. Überspringen der platonischen Freundschaft

Jack und Libby lernten sich während einer Kirchenfreizeit kennen. Libby war ein cooles Mädchen und richtig verliebt in Gott. Bei einem Volleyballspiel kamen die beiden ins Quatschen und waren sich auf Anhieb sympathisch.

Jack war zwar nicht auf was „Festes" aus, wollte jedoch Libby trotzdem gerne näher kennenlernen. Zwei Tage nach der Freizeit rief er sie an, um sie für das kommende Wochenende ins Kino einzuladen. Sie sagte zu.

War das o.k. von Jack? Wenn er nur vorhatte, sie abzuschleppen, wäre das ein genialer Schachzug, aber wenn er eine langfristige Freundschaft wollte, konnte dieser Schuss danebengehen. Wenn man nur zu zweit ausgeht (und dann noch in ein heimeliges Kino!), kann schnell ein „Prickeln" aufkommen, das ganz einfach auf der Chemie zwischen männlichen und weiblichen Wesen beruht. Schon sind wir wieder bei vorzeitig geweckten Wünschen, und die Kumpel-Ebene wird übersprungen.

Kennst du auch jemanden, dem es komisch vorkommen würde, etwas „Festes" mit einem langjährigen Freund oder einer Freundin anzufangen? Wenn ja, kennst du bestimmt den Satz: „Er will sich mit mir alleine treffen, aber ich habe ehrlich gesagt Schiss, dass sich dann an unserer bisherigen super Freundschaft was ändert."

Was meint derjenige damit? Er oder sie ist sich im Klaren darüber, dass eine Liebesbeziehung andere Erwartungen weckt.

 Bei einer platonischen Freundschaft ist alles ziemlich entspannt. Man mag sich einfach, lernt sich immer besser kennen, ohne dass man irgendwelche speziellen Erwartungen hat, was jetzt als Nächstes passieren muss – Nervosität ist hier ein Fremdwort. Du machst dir keinen Stress damit, wie du wohl wirkst oder was du Schlaues sagen könntest, damit der andere auf dich abfährt (was um so schlimmer ist, weil du ihm damit ein falsches Bild von dir vorgaukelst). Du kannst dich einfach so geben, wie du bist und musst nicht erst drei Stunden vor dem Spiegel verbringen, um auch ja super auszusehen.

Durch seine gedankenlose Einladung hat Jack diese Phase übersprungen, denn ein Kinobesuch in trauter

Zweisamkeit drückte dem Ganzen gleich den „Wir-sind-ein-potentielles-Pärchen"-Stempel auf.

Häufig ist das Äußere der Grund für eine Anmache: „Hey, du siehst echt klasse aus – ich würde dich gerne näher kennenlernen." Bei Freundschaften klingt das anders: „Wow, wir haben ja die gleichen Hobbys und Interessen, eine ähnliche Art von Humor und irgendwie eine Wellenlänge. Lass uns doch mal was gemeinsam unternehmen." Wenn es dann irgendwann funkt und zwei sich ineinander verlieben, ist die Freundschaft eine ganz gute Basis. Intimität ohne Verantwortung zu übernehmen, ist Betrug am anderen, und rein körperliche Nähe ohne wirkliche Freundschaft (also sozusagen Nähe der Herzen) ist absolut oberflächlich. Eine Partnerschaft, die nur auf der „Chemie" basiert, wird auch nur so lange halten, wie diese Gefühle andauern.

3. Sex steht nicht automatisch für Liebe

David und Heidi hatten wirklich nicht geplant, bei ihrem ersten Treffen miteinander zu schlafen. Ehrlich nicht. Dave hat nämlich nicht nur das „Eine" im Kopf, und Heidi ist auch nicht „so eine". Es ist einfach passiert. Sie waren erst zusammen auf einem Konzert, dann schauten sie bei Heidi noch ein Video an. Während des Films machte sich Heidi über Daves Tanzversuche bei dem Konzert lustig. Er fing als Rache an, sie zu kitzeln. Zuerst rangelten sie miteinander ein bisschen auf dem Fußboden, aber als Dave sich irgendwann über sie beugte, schauten sie sich direkt in die Augen. Sie küssten sich. Es war wie in einem Film, und beide sahen nichts Falsches darin.

In dem Augenblick schien alles o.k. zu sein, aber dieser schnelle körperliche Kontakt brachte Verwirrungen mit sich. Dave und Heidi hatten gar keine Zeit, sich richtig kennenzulernen, fühlten sich aber plötzlich schon sehr verbunden miteinander (und waren es ja irgendwie auch). Es war schwer für sie, objektiv zu bleiben. Immer, wenn sie sich über ihre Gemeinsamkeiten Gedanken machten, fielen ihnen sofort die leidenschaftlichen Momente ein. „Es ist doch eindeutig, dass wir uns wirklich lieben." Heidi war davon überzeugt. War das tatsächlich der Fall? Sind zwei Herzen wirklich miteinander verbunden, nur weil sich die Lippen berührt haben? Ist man füreinander bestimmt, nur weil man sich sexuell zueinander hingezogen fühlt? Nein, denn Sex steht nicht automatisch für Liebe. Sex ist das Sahnehäubchen auf dem Kuchen, der Liebe heißt – nicht mehr!

Wenn unsere Gesellschaft die Begriffe „Liebe" und „Sex" für austauschbar hält, erstaunt es nicht, dass viele Paare von der „großen Liebe" sprechen, sobald jemand sie sexuell außergewöhnlich stark erregt. Unglücklicherweise glauben das auch viele Christen.

Wenn wir die Entwicklung der meisten Beziehungen unter die Lupe nehmen, können wir eindeutig sehen, wie sehr wir von dem Denken „Sex gleich Liebe" beeinflusst sind. Wir haben gesagt, dass heutzutage eine feste Beziehung nur selten aus der Überlegung heraus angefangen wird, dass diese Person nach sorgfältiger Prüfung wahrscheinlich der Partner fürs Leben ist. Das Aussehen spielt eine extrem große Rolle; häufig wird eine Person daran gemessen, wie attraktiv sie ist. Das bedeutet: Schon vor dem ersten Wort, das man miteinander wechselt, ist Erotik ein wichtiger Bestandteil des Zusammenseins.

Wenn ein Junge und ein Mädchen die Phase der platonischen Freundschaft überspringen, wird die Sexualität häufig zum „gemeinsamen Hobby". Die Intensität der Liebe wird an den sexuellen Kontakten gemessen. Wenn zwei „miteinander gehen", wollen sie ja auch *fühlen,* dass sie für den anderen etwas ganz Besonderes sind – und das kann man eben am besten durch den Austausch von Zärtlichkeiten wie Händchenhalten, Küsse und was danach noch alles kommt. Aus diesem Grund glauben viele, dass man nur wirklich „zusammen" sein kann, wenn auch auf der sexuellen Ebene einiges läuft.

Aber so ist es gar nicht. Körperliche Nähe täuscht Vertrautheit vor. Doch sie hat eigentlich noch gar nicht viel zu sagen, außer, dass man den anderen körperlich gut leiden kann und ihn gern berührt. Das hat aber mit seelischer Nähe noch nicht viel zu tun. Und wenn man sich die vortäuschen lässt, ist es zur Ent-Täuschung nicht weit . . .

4. Pärchen kapseln sich oft völlig vom Rest der Welt ab

Als Garreth und Jenny zusammenkamen, wurden alle anderen Freunde plötzlich unwichtig. Ging es darum, Zeit mit Jenny zu verbringen, ließ Garreth die Jugendgruppe ausfallen. Jenny merkte nicht mal, wie wenig sie sich noch mit ihrer Familie beschäftigte, seit sie mit Garreth ging. Kam es doch mal zu einem Gespräch, begann jeder Satz mit „Garreth hier . . ." oder „Garreth da. . .". Ohne es eigentlich aktiv zu wollen, hatten sich beide von allen anderen Freunden zurückgezogen.

Eine Beziehung haben heißt: Zwei Personen konzentrieren sich voll aufeinander. Unglücklicherweise rückt der Rest der Welt dabei in den Hintergrund. Hast du dich bei einem gemeinsamen Abend mit einem Pärchen schon mal wie das fünfte Rad am Wagen gefühlt? Dann kannst du das sicher bestätigen.

Zugegeben, von allen Problemen, die auftauchen, ist dieses hier sicher am leichtesten zu beheben. Trotzdem sollten wir es ernst nehmen. Wir grenzen in unserer Verliebtheit andere aus und engen damit unseren Horizont ein. Sprüche 15,22 meint dazu: „Wo es an Beratung fehlt, da scheitern die Pläne, wo viele Ratgeber sind, gibt es Erfolg." Sind wir bei unseren Entscheidungen immer nur auf ein und dieselbe Person fixiert, kommt am Ende wohl nicht viel dabei raus. (Um so schlimmer, wenn man bedenkt, dass es ja auch um lebenswichtige Fragen bezüglich Ehe, Familie und Glauben geht.)

Natürlich können wir auch bei sehr engen Kumpelfreundschaften den Fehler machen, uns völlig auszugrenzen – häufiger kommt das aber in Beziehungen vor, denn da steuern uns unsere Gefühle.

Besonders kritisch wird es, wenn man sich der Verantwortung füreinander nicht bewusst ist. Du riskierst eine Menge, wenn du dich von deinen bisherigen Freunden, die dich mögen und unterstützen, abkapselst, um voll und ganz in dein neues Liebesleben einzutauchen. In dem schon erwähnten Buch „Eine harte Liebe" fragt Elisabeth Elliot, wieso ein Mann von einer Frau völlige Hingabe und Zuneigung erwarten kann, wenn er nicht bereit ist, sie auch zu heiraten. Warum sollte eine Frau sich völlig öffnen und auf ihn fixieren, bevor sie weiß, dass es ihm wirklich ernst ist?

Als sich Garreth und Jenny trennten, waren sie erstaunt, wie sehr ihre anderen Freundschaften unter ihrem Zusammensein gelitten hatten. Nicht, weil beide jetzt plötzlich unbeliebt waren, sondern weil man sie schlichtweg kaum noch kannte. Keiner der beiden hatte Zeit oder Mühe investiert, den Kontakt zu den anderen aufrechtzuerhalten.

Vielleicht ist das bei dir ähnlich. Oder du kennst den Schmerz und den Frust, dass du bei einer frisch verknallten Freundin völlig in Vergessenheit geraten bist. So was tut verflixt weh. Am schlimmsten ist es, wenn man sich aus lauter Verliebtsein von Gott entfernt, weil er plötzlich nicht mehr so wichtig erscheint. Das ist ein ganz besonders übles Eigentor, das schlimme Folgen haben kann.

5. Beziehungen halten junge Leute oft davon ab, sich auf ihre Zukunft vorzubereiten

Eine traurige Nebenwirkung bei diesen ganzen Liebesgeschichten ist, dass sie uns davon abhalten, unsere von Gott gegebenen Fähigkeiten zu entfalten. Anstatt eine Persönlichkeit zu werden und Lebenserfahrungen zu sammeln, lassen wir uns von augenblicklichen Bedürfnissen total gefangen nehmen.

Christopher und Stephanie verliebten sich, als sie beide fünfzehn waren. Sie waren beide sehr behutsam miteinander und machten sich viele Gedanken, und als Folge davon hatten sie eine Art Vorzeige-Beziehung: Sexuell lief nichts bei ihnen, und als sie sich nach zwei Jahren trennten, geschah dies in aller Freundschaft. Hat das Ganze ihnen trotzdem irgendwie geschadet? Körperlich und gefühlsmäßig wohl nicht. Aber was hätten Christopher und Stephanie in dieser Zeit alles machen können! Sie hatten sich sehr viel miteinander beschäftigt. Klar, eine feste Freundschaft zu pflegen erfordert viel Zeit und Energie. Unzählige Stunden verbrachten die beiden mit Quatschen, Briefeschreiben und Träumen. Die hierfür investierte Energie fehlte natürlich an anderer Stelle. Christopher verlor den Anschluss bei seinem Hobby, dem Programmieren, und in seiner Band, weil er nicht mehr genug übte. Und obwohl Stephanie es nie richtig zugab, hatte sie mehrere Missionseinsätze abgelehnt, weil sie nicht von ihrem Freund getrennt sein wollte. Durch dieses Fixiertsein aufeinander blieb kein Spielraum für andere Dinge.

Jede Beziehung bringt viel Erfahrung. Man lernt, toleranter zu werden und sich auf einen anderen einzustellen. Und andersherum erfährt man einiges über sich selbst. Aber was bringt das, wenn nachher doch nichts daraus wird? All das kann man auch auf anderem Weg lernen, ohne die negativen Seiten.

6. Null Bock, allein zu sein

Zu seinem dritten Geburtstag bekam mein kleiner Bruder ein wunderschönes, nagelneues blaues Fahrrad mit Stützrädern und einem bunten Wimpel. Es war wie für ihn geschaffen. Ich konnte seine Reaktion kaum erwarten.

Zu meiner großen Enttäuschung war mein Bruder aber von diesem Geschenk nicht sonderlich beeindruckt. Als mein Vater das Rad aus dem großen Pappkarton zog, schaute mein Bruder es einen kurzen Moment an – und begann dann mit dem Karton zu spielen. Es dauerte ein paar Tage, bis wir ihm endlich klarmachen konnten, dass eigentlich das *Fahrrad* das Geschenk war.

Ich konnte es nicht fassen! Da gab sich mein kleiner Bruder mit diesem wertlosen Karton ab und ließ das tolle

Fahrrad links liegen! Gott wird es nicht anders gehen, wenn er uns bei unserem Liebesstress beobachtet.

 Ungeschickte, vorschnelle, planlose Rumflirtereien sind nicht sein eigentliches Geschenk an uns. Klar kann man damit auch irgendwie „spielen", aber eigentlich sind sie dazu nicht gedacht. Erwachsen zu werden und seine Persönlichkeit zu entdecken und zu entwickeln ist ein Geschenk Gottes – eine unvergleichliche, wertvolle Zeit. Wir erkennen den wahren Wert davon gar nicht, weil wir stattdessen ständig auf der Jagd nach Erlebnissen mit „ADAGs" sind.

Gott hat den Wunsch nach tiefer, echter Zweisamkeit in den meisten von uns angelegt. Es ist ganz sicher kein Fehler, sich schon jetzt auf diese tolle Zweisamkeit in einer Ehe zu freuen, aber wenn wir in unserem Alleinsein ständig auf etwas schielen, was für uns noch nicht an der Zeit ist, können wir uns nicht darüber freuen, was Gott im Moment für uns vorbereitet hat. Flirts nähren unsere Ungeduld – wir naschen schon mal ein bisschen, anschließend sind wir dann aber wieder „auf Entzug". Anstatt die Chancen des Zustands: „Ich entdecke ungebunden meinen Platz in der Welt" zu genießen, konzentriert man sich auf etwas, was noch gar nicht dran ist.

Dazu muss es gar nicht wirklich zu einer Beziehung kommen. Vielleicht kennst du das ja auch (mir ging es jedenfalls immer so): Du bist auf einer Freizeit oder einem Jugendtreffen ... und bist ständig abgelenkt, weil du da so eine süße Blonde gesehen hast und ständig Stielaugen machst, wo sie jetzt ist und wo du sie vielleicht abpassen könntest und was du dann sagst ... Oder du scannst ständig die Leute ab auf der Suche nach einem hübschen Gesicht, statt dem Thema der Konferenz deine volle Aufmerksamkeit zu schenken. So was macht Stress! Und noch schlimmer ist es, wenn du jemanden kennengelernt hast, die Sache aber nicht so richtig ins Rollen gekommen ist. Dann machst du dir unablässig Gedanken, wie du ihn oder sie unauffällig kontaktieren kannst, schreibst und zerreißt 25 Briefe und zappelst dich ab, um an diese Person ranzukommen. Der ganz normale Wahnsinn, ich weiß – und doch ist es letztlich Zeitverschwendung, macht dir innerlich Stress, tut vielleicht sogar weh und macht überhaupt keinen Spaß.

7. Wir lernen den anderen unter falschen Bedingungen kennen

Nur wenige Pärchen haben von Anfang an die Absicht, später zu heiraten. Sie glauben, dass man einen potenziellen Ehekandidaten nur in einer festen Partnerschaft so richtig „testen" kann. Aber das ist ein Trugschluss, denn eine Liebesbeziehung schafft einen künstlichen Rahmen, in dem sich beide ganz leicht etwas vormachen können.

In unserer Hofeinfahrt haben wir einen höhenverstellbaren Basketball-Korb angebracht. Wenn ich ihn einen Meter unter dem normalen Level festklemme, erwecke ich den Eindruck eines fantastischen Basketball-Spielers: Mit federnden Schritten nähere ich mich dem Korb, springe elegant hoch und knall' den Ball jedesmal ins Ziel. Tatsächlich wirke ich nur so talentiert, weil ich die Anforderungen runtergeschraubt habe: Ich spiele unter falschen Bedingungen. Bin ich auf einem Basketballfeld, wo der Korb in 3,05 m regulärer Höhe hängt, werde ich ruck-zuck zu einem weniger als durchschnittlichen Spieler.

 Eine Beziehung kann so ein „unechtes" Umfeld schaffen, in dem man sich verstellen kann, um seine positiven Eigenschaften zu pushen und negative zu vertuschen. Man kann sich eventuell richtiggehend einschleimen. Das muss noch nicht mal absichtlich passieren; klar willst du jemandem gefallen, in den du dich verguckt hast, und klar gibst du dir Mühe und kehrst nur die tollen Seiten von dir raus. Aber was bringt das? Einen unterhaltsamen Abend mit jemandem zu verbringen sagt noch nichts über den Charakter der betreffenden Person aus, geschweige denn, ob er oder sie der passende Ehepartner wäre.

Der Schuss kann tierisch nach hinten losgehen. Zwei Verliebte müssen sich auch im grauen, langweiligen Alltagstrott erleben. Wie geht er mit seinen Freunden um? Wie verhält sie sich in schwierigen Situationen? Fragen, die wir beantworten müssen, wenn wir jemanden als potentiellen Partner in Betracht ziehen – in falscher „trauter Zweisamkeit" ist so ein Kennenlernen nicht möglich, weil jeder sich verstellt, um Eindruck zu machen, und man sich so nie wirklich kennenlernt.

Gewohnheiten sterben langsam

Diese sieben dämlichen Eigentore zeigen, dass der gute Wille nicht unbedingt ausreicht. Selbst diejenigen, die heldenhaft dem vorehelichen Sex widerstehen und keine ätzenden Trennungen erleben, verbrauchen viel Energie, um gegen die Versuchung anzukämpfen.

Wer schon mal in dieser Falle saß, weiß, wovon ich spreche. Meiner Meinung nach haben wir uns viel zu lange mit dem weltlichen Konzept von Liebesbeziehungen abgegeben. Verschwende nicht noch mehr Zeit und Energie damit, diesen hoffnungslos verdrehten Einkaufswagen zu steuern! Such' dir einen neuen Wagen – ändere deine ganze Einstellung zu dem Thema!

3. Eine neue Sichtweise vom Thema Nr. 1

Fünf Ideen, um Eigentore zu vermeiden

Im vorigen Kapitel habe ich sieben Eigentore in Beziehungen angesprochen. Vielleicht hat es dich zum Nachdenken angeregt. Wahrscheinlich fragst du dich jetzt: „O.k., ich sehe ein, dass es da einige Schwierigkeiten gibt – aber was nun? Was können wir denn besser machen?"

Der erste Schritt besteht darin umzudenken. Leichter gesagt als getan, oder? In Epheser 4,22–24 sagt Paulus: „Legt den alten Menschen ab, der in Verblendung und Begierde zugrunde geht, ändert euer früheres Leben und erneuert euren Geist und euren Sinn. Zieht den neuen Menschen an, der *nach dem Bild Gottes* geschaffen ist in wahrer Gerechtigkeit und Heiligkeit."

Auf Deutsch heißt das: Solange wir unser altes Denken bezüglich Liebe und Beziehungen nicht verändern, bleiben wir weiter in der Patsche sitzen.

In diesem Kapitel möchte ich Gottes Gedanken über Partnerschaft beschreiben. Die folgenden fünf „neuen Wege" sollen uns helfen, die einfach so übernommenen Gewohnheiten abzulegen. Gott hat praktische Alternativen für uns.

1. *Nutz jede Freundschaft, um Gottes Liebe umzusetzen*
Bethany, unternehmungslustig und immer gut drauf, war auf einer christlichen Schule. Sie flirtete gern und hatte es auch echt drauf. Den Jungen spielte sie leider oft nur etwas vor – sie brauchte die Aufmerksamkeit und wollte von ihrem jeweiligen neuen Schwarm total angehimmelt

werden. Dabei investierte sie ihre ganze Energie, um die Jungs anzumachen.

Wie würde es aussehen, wenn Bethany anfangen würde, Jungs so zu sehen, wie Jesus es tut? Statt ständig nur zu flirten und die Jungs als reine Eroberungen zu verstehen, würde sie sie dann wie ihre eigenen Brüder zu lieben anfangen. Anstatt sich selbst für das Zentrum der Welt zu halten, um das sich alles dreht, könnte sie beginnen, anderen wirklich weiterzuhelfen, indem sie sich mit ihren Fragen und Problemen auseinandersetzt, für sie da ist, etwas von sich preisgibt ... sprich, erst mal lernt, eine echte Freundin zu sein und so zu lieben, wie es das Wort eigentlich meint (nachzulesen in 1. Korinther 13).

2. Single zu sein ist ein Geschenk Gottes

Michael ist einundzwanzig. Er ist ein toller Typ und sieht richtig klasse aus. Als Mitarbeiter in der Jugendarbeit seiner Gemeinde hat er jede Menge Gelegenheiten, christliche Mädchen kennenzulernen. Er weiß, dass gerade er als Single in der Kirche intensiv mitarbeiten könnte. Trotzdem hat er eine Freundin nach der anderen. Er hat zwar die Grenzen nie überschritten, aber diese kurzen Liebeleien schränken ihn in seiner Flexibilität und in seinem Freiraum ein. Er lebt immer noch nach diesem alten Denkmuster: Ohne feste Freundin fehlt irgendwie was.

Denkt Michael um und begreift das momentane Alleinsein als eine einmalige Chance, wäre er mit platonischen Freundschaften total zufrieden. Das Chaos dieser „kurzen Episoden" könnte er hinter sich lassen, sich mit der frei gewordenen Zeit und Gehirnkapazität effektiver in der Jugendarbeit engagieren – und gleichzeitig tiefe, bedeutende Freundschaften mit Jungen und Mädchen aufbauen.

Erst wenn du den Wert des Singledaseins wirklich als ein Geschenk annimmst, kannst du die damit verbundenen Möglichkeiten genießen. Vielleicht hast du jetzt schon eine Idee, was du alles noch machen könntest.

Genieß deine Freiheit, lerne dazu und erobere die Welt – nutze diese einmalige Gelegenheit!

3. Intimität ist die Belohnung für die Übernahme von Verantwortung – bevor ich nicht reif für eine Ehe bin, brauche ich auch keine Affären

Jenny ist siebzehn und seit einem Jahr mit einem Jungen zusammen. Beide sind engagierte Christen, und für sie steht fest, dass sie heiraten werden. Allerdings kann das noch eine Weile dauern.

Eine Stimme flüstert ab und zu: „Hey, wenn Sex so viel Spaß macht . . . her damit!" Die Stimme mit der „neuen" Sichtweise sagt: „Halt, solange ihr noch keine Verpflichtung eingegangen seid, lasst lieber die Finger von den heißen Sachen."

Es fiel Jenny nicht leicht, ihrem Freund zu erklären, dass sie ihre Zeit miteinander und die Energie füreinander einschränken müssen. Beide vertrauen Gott: Wenn er sie füreinander bestimmt hat, hält er sie logischerweise auch zusammen. Bis dahin werden sie geduldig warten. Natürlich fällt ihnen das Abstandhalten schwer, sie vermissen die vertraute Nähe des anderen, aber auf lange Sicht wissen sie, dass es die richtige Entscheidung ist.

Gott hat jedem von uns den Wunsch nach Zärtlichkeit und Geborgenheit gegeben – und er wird ihn erfüllen. Er weiß auch, dass wir diese Bedürfnisse nicht einfach per Knopfdruck abschalten können. Aber ich denke, er erwartet von uns, dass wir in der Zwischenzeit Geduld und die Bereitschaft mitbringen, in ehrliche, tiefe Freundschaften zu investieren.

Das bedeutet natürlich nicht, dass du deinen ersten festen Freund oder die erste feste Freundin sofort heiraten musst. Das gibt es, ist aber wohl eher die Ausnahme. Jeder von uns wird wahrscheinlich mehrere Erfahrungen gemacht haben, bis Gott uns zeigt, wen er für uns vorgesehen hat. Man kann sich ja auch verkrampfen, indem man jeden möglichen Partner mithilfe einer Checkliste auf Ehetauglichkeit prüft und dabei völlig die Realität aus dem Auge verliert. Das ist aber keine Einladung, bis zu diesem Zeitpunkt wild „herumzudaten", einfach mal auf gut Glück hier und da was anzufangen. Wozu? Rein zeitlich hast du noch Jahre vor dir, bevor du überhaupt an eine Ehe denken kannst. Da ist noch viel Gelegenheit, deinen Traumpartner zu treffen und eingehend kennenzulernen.

4. Es gibt keine „Besitzansprüche" außerhalb der Ehe
In Gottes Augen werden zwei Menschen nach der Hochzeit „eins". Vielleicht sehnst du dich jetzt schon nach dieser totalen Vertrautheit und Zusammengehörigkeit. Aber solange wir nicht bereit sind, diese lebenslange Verpflichtung einzugehen, haben wir keinerlei Anrecht darauf, jemanden als unser „Eigentum" zu betrachten.

Sarah und Philip besuchen beide die Abschlussklasse der Highschool. Seit einem halben Jahr sind sie fest zusammen, und es könnte gut sein, dass sie später einmal heiraten werden. Die Wochenenden gehören nur ihnen, sie unternehmen alles gemeinsam und teilen fast alles. Sie kennen die Familie des anderen nahezu so gut wie die eigene. Sexmäßig ist das Ganze auch recht ernst. Miteinander geschlafen haben sie zwar noch nicht, aber es war ein paarmal nahe dran, und es ist ziemlich hart für sie, nicht zu weit zu gehen.

Das bisherige Denken über Beziehungen sagt uns: „Ehe spielen" ist normal, wenn wir jemanden wirklich gern haben. Aber das neue Denken sagt, es ist verantwortungslos, wenn wir Ansprüche auf die Zeit, die Zuwendung und die Zukunft des anderen erheben, ohne damit eine gemeinsame Zukunft aufbauen zu wollen.

Sarah und Philip sehen ein, dass ihre momentane Beziehung eine Veränderung braucht. Durch das ständige Aneinanderklammern haben sie Energie verschwendet, die sie eigentlich in ihre Persönlichkeitsentwicklung hätten stecken können und sollen. Sie haben von einer gemeinsamen Zukunft geträumt, ohne zu wissen, ob sie überhaupt jemals heiraten werden. Schließlich bleiben Schul-Pärchen in der Regel eh nicht zusammen.

Selbst bei völliger sexueller Enthaltsamkeit der beiden wären sie durch die viele Zeit, die investierten Gefühle und Gedanken und die gemeinsamen Erlebnisse nie mehr ganz voneinander losgekommen, wenn sie sich nicht rechtzeitig getrennt hätten. Das war sehr hart für sie, aber sie waren ehrlich und mutig genug gewesen, ihr Problem mit Gott durchzusprechen und auf seine Antwort zu hören. Wenn Gott sie füreinander geschaffen hat, werden sie schließlich auch wieder zusammenkommen – trotz der vorübergehenden Trennung. Jetzt war es an der Zeit, Gottes Gedanken zu folgen und die Beziehung zu beenden, in der sie sich gegenseitig nur aussaugen.

Stellst du momentan ungerechtfertigte gefühlsmäßige, geistige oder sogar körperliche Ansprüche an jemanden? Solltest du in deiner gegenwärtigen Beziehung wieder die Kurve kriegen?

5. Situationen vermeiden, in denen wir schwach werden könnten

Jessica, sechzehn Jahre alt, ist ein nettes Mädchen, leider aber auch ziemlich naiv. Sie ist zwar noch Jungfrau (und will es auch bis zur Hochzeitsnacht bleiben), begibt sich aber mit ihrem einige Jahre älteren Freund immer wieder in heikle Situationen. Sie erledigen bei ihr zu Hause ihre Schulaufgaben, obwohl sonst niemand anwesend ist, machen allein Ausflüge oder bleiben nachts noch lange im Auto sitzen. Wäre Jessica ehrlich, würde sie zugeben, dass sie das Kribbeln dieser Momente genießt. Sie findet es cool und genießt die Macht über ihren Freund. Er würde nämlich ehrlich gesagt so weit gehen, wie sie es zulässt.

Wenn Jessica ein Umdenken akzeptiert, kapiert sie, dass Reinheit mehr bedeutet, als nur Jungfrau zu bleiben.

Sie würde feststellen, dass sie nicht auf dem „Pfad der Tugend" ist. Um wieder dorthin zu kommen, muss sie ihr Leben ändern. Erstens sollte sie die gemeinsame Zeit mit ihrem Freund zurückschrauben, weil der sexuelle Drang bei ihnen zu wichtig ist, und außerdem sollte sie Situationen meiden, die sie in Versuchung führen.

Wo, wann und mit wem du deine Zeit verbringst, sagt sehr viel über deine mehr oder weniger ernsthafte Haltung aus. Vermeide riskante Situationen, wenn bei dir ein Umdenken notwendig ist.

Überflüssiges Gepäck

Jetzt denkst du vielleicht: „Mensch, das ist ja krass!" Vielleicht zweifelst du auch, ob du das überhaupt durchziehen kannst. Ich weiß, dass man sich dafür von alten Gewohnheiten trennen und sie über Bord schmeißen muss. Das ist bestimmt nicht easy, aber ich bin sicher, wenn wir ehrlich vor Gott stehen wollen, sind neue Verhaltensweisen nötig. Von vorschnellen Zärtlichkeiten, Unaufrichtigkeit, Zeitverschwendung und Egoismus – also den dämlichen Eigentoren – muss man so Abschied nehmen.

Klingt das zu schwer für dich? Ich bin überzeugt, es ist richtig und wünschenswert und damit auch machbar. Warum? Wenn unser Ziel die ehrlich gemeinte, schlaue Liebe ist, wird es uns nicht schwerfallen, gängigen Vorstellungen von Liebe einen „Korb zu geben". Das ist nicht nur die selbstverständliche Antwort auf die offensichtlichen Probleme, die aus falsch verstandenen Beziehungen entstehen, sondern viel wichtiger: wir sind es Gott schuldig. In Hebräer 12,1 fordert Gott uns auf, „alle Last und die Fesseln der Sünde abzuwerfen" und „mit Ausdauer in dem Wettkampf zu laufen." Gott will, dass wir dieses Rennen gewinnen. Die Art, wie die Gesellschaft Beziehungen angeht, ist für uns nur überflüssiges Gepäck, sie belastet und zieht uns runter.

„Aber welche Alternativen gibt es denn?", möchtest du vielleicht jetzt wissen. Geißelungen? Lebenslang Single bleiben? Freitagabend mit der Katze vor dem Fernseher schmusen? Nein! Nein! Und nochmals nein!

Das herkömmliche Beziehungsspiel nicht mitzumachen bedeutet nicht, Freundschaften mit ADAGs (Angehörigen des anderen Geschlechts) oder die Idee von Liebe oder Ehe aufzugeben. Wir sollten nur Gottes Gedanken verstehen und auf seinen Zeitplan vertrauen. Gott möchte, dass wir unser Gefühlsleben auf diesen Chaoshaufen schmeißen, den wir hinter uns lassen, damit es „zuerst um sein Reich und um seine Gerechtigkeit geht" (Matthäus 6,33). Gott möchte, dass wir schädliche Bindungen hinter uns lassen, um von ganzem Herzen seinen Weg gehen zu können.

Ein guter Tausch

Viele der Gewohnheiten und Verhaltensweisen unserer Gesellschaft in Sachen Liebe vertragen sich nicht mit der „schlauen Liebe", die Gott für uns vorgesehen hat. Ich frage dich ganz direkt: „Bist du bereit, gegen den Strom zu schwimmen, um Gottes Konzept vom Leben wahrzunehmen? Bist du bereit, ihm alles zu geben?"

Einer meiner Lieblingspastoren, Ravi Zacharias, erzählte folgende Geschichte: Ein Junge besitzt ein Säckchen mit Murmeln und schlägt einem kleinen Mädchen vor, diese gegen ihr Tütchen mit Bonbons einzutauschen. Das Mädchen ist einverstanden. Aber während der kleine Kerl seine Murmeln herausholt, stellt er schweren Herzens fest, dass er einige davon eigentlich gar nicht hergeben möchte. Geschickt versteckt er drei von ihnen unter seinem Kopfkissen. Die beiden tauschen ihre Schätze aus – sie wird nie erfahren, dass er sie hintergangen hat. Am Abend schläft das Mädchen friedlich ein, der Junge dagegen ist unruhig und liegt noch lange wach. Immer wieder grübelt er: „Hat sie mir vielleicht die besten Bonbons vorenthalten?"

So wie diesen kleinen Jungen plagt uns häufig die Frage: „Hat Gott wirklich vor, mir sein Bestes zu geben? Oder sitze ich nachher dumm da, wenn ich mich nicht selbst um die Erfüllung meiner Wünsche kümmere?" Aber müsste die Frage nicht anders lauten: „Gebe ich Gott wirklich *mein* Bestes?"

 Erst wenn wir Gott jeden Bereich unseres Lebens anvertrauen, als Single oder Ehepartner, werden wir von Gott erfahren, was er mit uns vorhat. Stumpfsinnig glauben wir den vorherrschenden Meinungen, von denen alle behaupten, sie bringen die totale Erfüllung. Wieso eigentlich? Gott bittet uns, ihm das alles zu überlassen.

Wo stehst du gerade? Hast du Gott vertraut und ihm alles überlassen? Oder versteckst du deine heißgeliebte Murmel vor ihm und klammerst dich an altes Beziehungsdenken?

In den folgenden Kapiteln werden wir drei wichtige Punkte unter die Lupe nehmen, die unser Herz bewegen und unsere Auffassung von Beziehungen beeinflussen – Liebe, Geduld und Reinheit. Wir versuchen, Gottes Vorstellung zu verstehen und werden feststellen, dass es sich auf jeden Fall rentiert, ihm alles zu übergeben – der Tauschhandel lohnt sich!

Des Pudels Kern

Teil 2

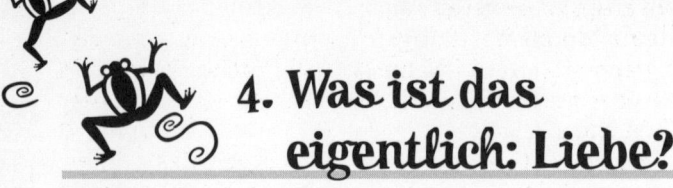

4. Was ist das eigentlich: Liebe?

Die wahre Definition des großen Gefühls

„Was hast du gemacht?", fragte ich ungläubig.

Jeff lachte laut und fuhr noch rasanter, als wir um die Ecke bogen. Mein Entsetzen schien ihm zu gefallen. „Tja, Gloria hat ihrer Mutter weisgemacht, dass sie am Wochenende bei einer Freundin übernachtet; in Wahrheit haben wir uns ein Hotelzimmer gemietet", erklärte er, als wäre das selbstverständlich.

Jeff war gerade mal sechzehn, aber er sah älter aus. Wir hatten schon im Sandkasten zusammen gespielt. Jeff und seine Freundin Gloria waren schon eine Weile ein Pärchen. Zwischendurch gab es immer wieder zahlreiche Trennungen, aber insgesamt sind sie seit fast einem Jahr zusammen. Bisher hatte Jeff nie erzählt, was bei ihnen sexuell so ablief, aber jetzt war es ja offensichtlich – sie schliefen auch miteinander.

„Mann, oh Mann, ist das abgegangen!", schwärmte Jeff.

„Waaas? Du meinst, Gloria und du, ihr, ihr, ihr schlaft tatsächlich miteinander?"

Jeff wusste, dass ich seine Begeisterung nicht teilen konnte. Wahrscheinlich wollte er mich beeindrucken, und eigentlich sollte ich ihm wohl wie seine Fußballkumpel auf die Schulter klopfen, um ihm zu dieser „Eroberung" zu gratulieren. Ich wollte ihm einen Schlag versetzen, ja – aber nicht auf die Schulter.

„Hör zu, Josh", verteidigte er sich, „Wir haben so lange gewartet. Und dann war es echt was Besonderes. Vielleicht entspricht es nicht deinen Moralvorstellungen, aber wir hatten das Gefühl, es wäre an der Zeit, uns unsere Liebe zu beweisen."

„Meine Moralvorstellungen?", fragte ich aufgebracht. „Seit wann sind das bloß meine? Wir haben doch beide oft darüber gesprochen, und du hast die Sache genauso gesehen wie ich. Jeff . . ."

„Ja, ja, ich weiß, aber jetzt ist das was anderes", unterbrach er mich kurz angebunden. „Wenn du mal richtig verliebt bist, verstehst du, was ich meine."

Damit war unsere Unterhaltung beendet. Wir saßen schweigend im Auto, und ich hatte das Gefühl, es dauerte ewig, bis die Ampel grün wurde.

Vier Jahre später rief Jeff mich aus Michigan an: „Ich habe mich verlobt! Debbie ist unglaublich. Ich war noch nie so verliebt."

„Schön", antwortete ich. Meine Glückwünsche klangen ziemlich lahm, aber ich konnte nicht anders. Ich musste an Gloria denken. Ich hatte sie lange nicht gesehen. Wie fühlte sie sich wohl als eine Verflossene, eine von Jeffs zahlreichen Freundinnen? Die große Liebe, was?! Irgendwie sind diese Worte doch so nicht viel wert.

Der erste Kuss

„Wie wär's mit Chinesisch?", fragte ich Eric, als wir losfuhren.

„Klingt klasse!" Wie immer war er begeistert. Ich hatte Eric und seine Frau Leslie zwar gerade erst kennengelernt, aber seine Begeisterungsfähigkeit für alles war mir schon aufgefallen. „Bist du einverstanden, Schatz?", erkundigte er sich liebenswürdig bei Leslie, die auf dem Rücksitz saß.

„Klar", antwortete sie heiter.

Eric und Leslie besuchten mich während ihrer Reise durch den Nordwesten der USA. Ein Freund von mir aus Colorado hatte mir von diesem frisch verheirateten Pärchen und dem kleinen Büchlein, das sie geschrieben haben, berichtet. Das Buch erzählt die Geschichte, wie sie sich kennen und lieben lernten, ohne dem typischen „Mal gucken"-Schema zu folgen.

Du hättest Schwierigkeiten, ein verliebteres Pärchen als die beiden aufzuspüren. Sie waren hin und weg voneinander und zeigten das auch. Eric ließ Leslie kaum aus den Augen. Während der Fahrt zum Restaurant saß er auf dem Beifahrersitz. Er schob tatsächlich seine Hand nach hinten, worauf Leslie sich vorbeugte und sie ergriff. Händchenhalten im Auto, wenn einer vorne und einer hinten sitzt? Das hatte ich vorher noch nie erlebt.

Als wir nach dem Essen unsere chinesischen Glückskekse aufbrachen, neckte ich sie: „Ihr beide könnt die Finger aber wirklich nicht voneinander lassen, oder?" Leslie wurde rot. „War es schwer, euch auf sexueller Ebene zurückzuhalten, bevor ihr verheiratet wart?"

Eric nahm Leslies Hand und lächelte sie an, bevor er antwortete: „Na logo, das Verlangen war immer da und wird immer dableiben. Aber es war kein schwerwiegendes Problem für uns. Leslie und ich waren uns von vornherein einig, mit dem Sex bis zur Hochzeit zu warten. Wir küssten uns an unserem Hochzeitstag vor dem Altar zum ersten Mal."

Meine Kinnlade klappte runter: „WAAAAS? Ihr habt euch vorher noch nicht mal *geküsst?*"

„Nee", erwiderte er strahlend, „das Einzige, was wir taten, war Händchenhalten. Aber Josh, wir wissen, dass man so eine Haltung nicht generell erwarten kann. Jeder, selbst unsere Eltern meinten, wir könnten uns doch ruhig mal küssen. Aber wir beide hatten uns eben mit Überzeugung dagegen entschieden. Wir wollten uns auch so unsere Liebe zeigen und uns gegenseitig schützen." Dann zwinkerte er mir zu: „Und eins kannst du mir glauben, Josh: Dieser erste Kuss war unglaublich, der totale Hammer. Ich kann einfach nicht beschreiben, wie schön das war."

Eric und Leslie. Jeff und Gloria. Zwei Pärchen, beide benutzen das gleiche Wort – Liebe. Sprechen sie von ein und

derselben Sache? Jeff und Gloria beschlossen aus „Liebe",
ein Hotelzimmer zu mieten, um ihre körperliche Lust zu
befriedigen. Eric und Leslie berührten sich aus Liebe
kaum, bis sie vor dem Altar standen. Bei Jeff und Gloria
stand das Wort „Liebe" für körperliche Anziehung, Ungeduld und schnelle Erfüllung. Bei Eric und Leslie stand es
für Schutz und Reinheit – und das gab ihnen die notwendige Stärke, bis zum Schluss durchzuhalten.

Liebe – ein Begriff, zwei Auslegungen.

Verliebt ins Verliebtsein

Ich bin, das gebe ich zu, hoffnungslos verknallt. Anders
ausgedrückt, ich bin verliebt in die Liebe.

Und es gibt nichts, was dem nahekommt. Ich bin
sicher, du weißt, wovon ich spreche. Verliebtsein ist wie
ein Tausend-Teile-Puzzle. Beim Gedanken an den anderen erfüllt ein Kribbeln deinen ganzen Körper (also
immer, wenn du wach bist). Essen, Schlafen und rationa-
les Denken werden nebensächlich. Du entdeckst, dass
alle Liebeslieder im Radio offensichtlich nur für dich
geschrieben wurden. Es ist, als ob dir jemand die Augen
neu geöffnet hätte – die Welt um dich herum scheint auf
einmal so wunderschön und die Menschen so liebens-
wert.

 *Ich liebe die Liebe. Aber ich merke, dass ich eigentlich nur
wenig über sie weiß. Bei diesem warmen, kribbeligen
Gefühl des Verliebtseins kann ich mitreden. Aber ich bin
der totale Laie, wenn es um Gottes Verständnis von wahrer Liebe geht.*

Allen, die wie ich nur das Kribbeln kannten und gesucht
haben, möchte Gott ein tieferes Verständnis von Liebe
geben. Verliebtsein kann einem echt durch Mark und
Bein gehen, aber das ist nur ein Bruchteil der echten
Liebe. Bisher haben wir kurzsichtig in einem begrenzten,

kleinen Sandkasten gebuddelt – aber Gott hat einen end-
losen weißen Sandstrand mit türkisblauem Wasser für
uns vorbereitet und möchte, dass wir ihn finden.

100 % pure love

Ich kann nicht oft genug betonen, wie wichtig es ist, Gottes Verständnis von Liebe zu verstehen. Und die Erkenntnis, dass es zwischen Gottes Vorstellung von Liebe
und der in unserer Welt eindeutige Differenzen gibt, ist ja
keineswegs neu. Christen hatten schon immer die Wahl,
entweder dem Herrn zu gehorchen oder den verlocken-
den Versuchungen der Welt nachzugeben.

Als Paulus sein berühmtes Kapitel über die Liebe an
die Christen in Korinth verfasste, wusste er über dieses
Hin-und-Hergerissen-Sein Bescheid. Er war sich der
Schwierigkeit seiner Aufgabe bewusst: Den Korinthern
von Gottes Liebe zu erzählen war wohl ungefähr so, als
würde man heute der Glitzerwelt von Hollywood ein-
trichtern wollen: „Trautes Heim – Glück allein." Ein
„Korinther" zu sein, war zu Paulus' Zeiten gleichbedeu-
tend mit wilden Dingen. „Korinther zu spielen" hieß Sex
zu haben. „Ein Mädchen aus Korinth" war nur ein anderes Wort für „Nutte". Wie konnte Paulus es anpacken,
einer Stadt voller Unzucht und Perversion Gottes Verständnis von sauberer Liebe nahezubringen?

*Wer liebt, ist geduldig und gütig. Wer liebt, der ereifert sich
nicht, er prahlt nicht und spielt sich nicht auf.* (1. Korinther
13,4)

In der hektischen, weltoffenen Hafenstadt Korinth
wurde Sex sogar an religiösen Plätzen akzeptiert. Im
Tempel der Aphrodite, der griechischen Göttin der Liebe,
arbeiteten eintausend Prostituierte. Wie sollten die Leute
die tiefe Bedeutung des Satzes „Gott ist Liebe" (1. Johannes 4,16) verstehen, wenn ihnen überall ausschweifende
„Liebes"dienste und Triebbefriedigung als Liebe angebo-
ten wurden? Wie sollten sie inmitten dieser verbogenen

Vorstellungen von Liebe die Wahrheit und die Schönheit der echten Liebe sehen?

Wer liebt, der verhält sich nicht taktlos, er sucht nicht den eigenen Vorteil und lässt sich nicht zum Zorn erregen. Wer liebt, der trägt keinem etwas nach. (1. Korinther 13,5)

Zweitausend Jahre ist das her, aber heute stehen wir Christen wieder vor ähnlichen Problemen wie die Korinther damals. Mehr als jemals zuvor wird freizügiger Sex akzeptiert, nicht nur in Bordellen, sondern auch in Zeitschriften, an Plakatwänden oder in anderen Medien. „Liebe ist Sex", suggeriert uns die Calvin-Klein-Reklame. „Sex ist Vergnügen", führt uns ein Kinofilm vor. „Hauptsache, du hast Spaß", säuselt es verheißungsvoll aus dem Radio.

Diesen Beteuerungen zum Trotz erklärt Gott leise sein Verständnis von wahrer Liebe all denen, die es hören wollen. Kannst du ihn hören? Ansonsten empfehle ich dir, leg die Zeitschrift weg. Schalt den Videorecorder ab. Zieh den Stecker der Stereoanlage raus und hör hin . . . !

Wer liebt, der gibt niemals jemand auf, in allem vertraut er und hofft er für ihn; alles erträgt er mit großer Geduld. Niemals wird die Liebe vergehen. (1. Korinther 13, 6–8)

Ein Alptraum in Klamotten

Wir haben genauso die Wahl wie damals die Christen in Korinth. Entscheiden wir uns für die von der Gesellschaft vorgelebte Schmalspur-Liebe, oder wollen wir nach Gottes Geboten leben? Wie werden wir uns entscheiden?

Mit einem Bild möchte ich verdeutlichen, welche Rolle wir als Christen haben und welche Art der Liebe wir praktizieren sollten. Auch wenn es dir am Anfang etwas abgehoben erscheint: warte, bis ich es erklärt habe, dann macht es nämlich Sinn.

Man könnte Liebe mit Klamotten vergleichen, die wir anziehen.

Adam und Eva hatten Gottes Vorschriften im Paradies

missachtet. Sie wurden sich ihrer Nacktheit bewusst, schämten sich und banden sich deshalb Feigenblätter um. Damit begann für die Welt ein Alptraum – nicht im modischen Sinne, sondern auf die Liebe bezogen. Im Garten Eden war alles zuerst perfekt; auch die Liebe zwischen Adam und Eva. Seitdem die Sünde dazwischen kam, beherrscht die Menschen ein falsches Verständnis von Liebe. Zurück zu meinem Bild: Es ist, als ob wir schlechte, ausgebeulte Klamotten tragen, gewebt aus Selbstsucht und Misstrauen, statt perfekter, maßgeschneiderter Markenware aus „Edelstoffen".

Aber weil Gottes Liebe vollkommen ist und nie aufhört, gab er uns eine weitere Chance, seine ursprünglich geplante Vorstellung von Liebe doch noch kennenzulernen. Er schickte seinen Sohn Jesus Christus, der uns diese perfekte Liebe nochmals vorlebte. Wenn wir bei Begriffen aus der Modebranche bleiben wollen, können wir Jesus als Gottes „Super-Model" bezeichnen, der uns Gottes Designer-Kreation der Liebe noch einmal zeigt. Jesus hat sein Leben für Menschen geopfert, die ihn ablehnten. Sein ganzes Leben stand er im Dienst an den Menschen. Niemand, der ihm begegnet ist, war danach der gleiche wie vorher. Er hat Menschen beeindruckt, verändert, ihnen geholfen und gedient, so wie er dem Mann die Füße wusch, der ihn „Meister" nannte und eigentlich *ihm* dienen wollte.

Mit der Aussage „Liebt einander! Wie ich euch geliebt habe, so sollt auch ihr einander lieben" (Johannes 13,34), ermuntert er uns, seinem Verhalten nachzueifern.

Topmodels

 Du wirst wahrscheinlich nie als Model in New York oder Paris den letzten modischen Schrei vorführen, aber als Christ stehst du als repräsentatives Modell für Gottes Liebe auf dem Laufsteg des Lebens! Wenn wir uns dieser Rolle bewusst werden, beeinflusst das unsere Vorstellung von Beziehungen ganz gewaltig – und natürlich ganz

> *besonders die von Liebesbeziehungen. Wenn wir nämlich etwas „Festes" eingehen, sind wir nicht nur bei unserem Schwarm Vertreter für Gottes Liebe, sondern auch bei all denjenigen, die uns beobachten.*

Gottes vollkommene Liebe ist nicht nur exklusiv für uns da! Claudia Schiffer präsentiert die modischen Entwürfe von Karl Lagerfeld; sie ist das Modell für seine Kreativität. Dabei steht sein Ruf auf dem Spiel, nicht ihrer. Als Christen sind wir die Topmodels Gottes, ob wir uns darüber im Klaren sind oder nicht. Die Leute um uns herum beobachten uns, und an uns entscheidet sich Gottes Ansehen bei ihnen. Wenn wir uns als Christen ausgeben, dann aber auch keine bessere Ausgabe von Liebe rüberbringen als jeder andere, stellen wir im Grunde Gottes Glaubwürdigkeit in Frage.

Aus diesem Grund müssen wir uns fragen: „Bin ich ein Topmodel für Gottes Liebe? Bin ich mein Geld wert? Stimmen meine Motivationen und mein Verhalten meinem Partner gegenüber mit dem Liebeskonzept überein, das Gott mir gezeigt hat?"

Wie müsstest du auf diese Fragen momentan antworten?

Ich liebe mich . . .

Gottes Lebensstil zu repräsentieren erfordert, dass wir die weltlichen Modelle von Liebe erkennen müssen, bevor wir sie ausmustern können. Zuerst müssen wir verstehen, dass die allgemeine Beziehungskrise in unserer Gesellschaft letztendlich von dem Irrglauben herrührt, dass *Liebe in erster Linie zur Befriedigung des „Ichs" dient.*

Das wird deutlich bei dem Jungen, der seine Freundin mit dem Satz zum Sex drängt: „Wenn du mich wirklich liebst, schläfst du auch mit mir." Anders ausgedrückt: „Du und deine Vorstellungen sind mir egal, auch wenn es dich kränkt – ich will, dass du meine Bedürfnisse befrie-

digst." Oder was ist mit demjenigen, der seinen Marktwert beweisen will, indem er einen besonders „coolen"
Partner vorzeigt, die Person aber eiskalt fallenlässt,
sobald jemand Angesagteres auftaucht? Das erste Beispiel ist wohl krasser, aber eigentlich zeigen beide die
Auswirkungen von ich-bezogener Liebe.

Dann wird uns noch vorgegaukelt, *Liebe ist in erster Linie
ein Gefühl*.

Häufig empfinden wir es auch so. Auf den ersten Blick
erscheint das nicht dramatisch. Aber wenn wir Liebe nur
aufgrund von Gefühlen bewerten, machen wir uns zum
Mittelpunkt der Entscheidung, und unsere Gefühle tun
dem anderen keineswegs etwas Gutes. Wie glaubhaft
sind die Gefühle eines Mannes, der warme Gefühle für
die Bettler in seiner Stadt „empfindet", aber ihnen weder
Geld noch Freundlichkeit zuteil werden lässt? Er findet
sich toll, weil er immerhin Mitgefühl spürt. Aber wenn
sich das nicht in Taten zeigt, ist diese „Liebe" für die
Armen absolut wertlos.

Durch die Überbewertung von Gefühlen verpassen wir
den eigentlichen Sinn von Liebe.

*Schöne Gefühle sind eine Äußerungsform von Liebe,
aber sie haben an sich noch nichts zu sagen. Wenn ich
beim Gedanken an meine Freundin sehr viel Schönes
empfinde, dann ist das zwar nicht schlecht, bringt ihr
aber praktisch noch gar nichts. Erst wenn ich ihr durch
meine Zeit, Aufmerksamkeit, Geduld, Respekt usw. etwas
von meiner Liebe deutlich mache, hat sie etwas davon.*

In der Falle

Der zweite Trugschluss betrifft unsere eigene Verantwortung. Die Gesellschaft sagt, *Liebe lässt sich nicht steuern*.

Das wird auch in unserem Sprachgebrauch deutlich.
Wie oft sagen Jungs: „Sie hat mich völlig umgehauen",
wenn sie sich heftig in ein Mädchen verliebt haben, oder

ein Pärchen erklärt: „Wir sind total verrückt nacheinander." Bestimmt hast du das schon gehört – vielleicht sogar selbst schon einmal gesagt.

Warum denken wir bei Liebe an einen Knockout oder an einen Zustand geistiger Verwirrung? Was verraten uns diese Formulierungen über unsere Einstellung zur Liebe? Ich denke, wir benutzen diese übertriebenen Vergleiche als Entschuldigung, damit wir uns der Verantwortung entziehen können: Was kann man schon tun, wenn man ausgeknockt worden ist? Ein tollwütiges Tier, das mit Schaum vor dem Maul herumrast und Menschen beißt, kann ja auch nichts dafür – schließlich ist es ja nicht ganz bei Sinnen.

Ist es nicht absurd, so von Liebe zu sprechen, dieser Sache, die im Korintherbrief so praktisch und bodennah beschrieben wird? Trotzdem neigen wir dazu, unsere Gefühlsausbrüche so zu beschreiben. Wir verstehen Liebe als etwas, das wir nicht kontrollieren können. Es kommt einfach über uns, wir sind nicht mehr ganz zurechnungsfähig und müssen deshalb keine Verantwortung übernehmen. In ganz extremen Fällen machten Leute „Liebe" verantwortlich für Perversionen, Mord, Vergewaltigung und andere Verbrechen. Okay, vermutlich ist uns das noch nicht passiert. Eventuell hast du aber schon mal wegen einer Beziehung deine Eltern oder Freunde belogen oder hast von deinem Partner auf sexueller Ebene zu viel gefordert. Du kannst nichts dafür, dass du die Kontrolle verlierst, weil du nun mal soooo verrückt nach ihr/ihm bist? Ja, du weißt, dass du zu schnell rangegangen bist. Ja, du weißt auch, dass andere durch dein Verhalten vielleicht verletzt wurden – aber du konntest doch gar nicht anders! Du warst doch verliebt!

Ein Schlag ins Gesicht

Unsere Gesellschaft mag vielleicht Liebe mit diesen Worten definieren und verteidigen. Die Bibel vertritt hier jedoch einen ganz anderen Standpunkt. Jemand, der die egoistische, auf Gefühlen basierende „Ich kann's halt nicht kontrollieren"-Liebe auslebt, empfindet Gottes Definition wie einen unerwarteten Schlag ins Gesicht.

 *Kino und Fernsehen zeigen ständig, wie sich Leute ihren Gefühlen und der Leidenschaft hingeben und behaupten: „Das ist Liebe." Gott dagegen führt uns zum Kreuz, an dem ein blutüberströmter Mann hängt, und erklärt: „Das ist Liebe."*

Immer wenn Gott Liebe illustrieren will, zeigt er auf seinen Sohn. Jesus kam zu uns auf die Erde, um ein Beispiel zu geben für wahre Liebe. Damit wir uns vor der gefährlichen Art der Eigenliebe schützen können, gibt uns Jesus ein Schutzmittel. Er sagt: „Wer mit mir gehen will, der muss sich und seine Wünsche aufgeben. Er muss sein Kreuz auf sich nehmen und mir auf meinem Weg folgen" (Matthäus 16,24).

Jesus lehrte, dass Liebe nicht für die egoistische Befriedigung meiner Wünsche, sondern für das Wohl der anderen und zu Gottes Ehre da sein soll. Wahre Liebe ist selbstlos. Sie gibt, sie verzichtet und entsagt eigenen Bedürfnissen. „Es gibt keine größere Liebe, als wenn einer sein Leben für seine Freunde hingibt", erklärt Jesus (Johannes 15,13). Diesen Worten ließ er Taten folgen – er gab sein Leben für uns alle.

Jesus zeigte auch, dass echte Liebe nicht auf Gefühlen basiert und von diesen beeinflusst wird. Er ließ sich kreuzigen – und rein gefühlsmäßig wollte er das bestimmt nicht! Jede Faser in seinem Körper sträubte sich dagegen. Hast du schon mal das Gebet von Jesus im Garten Getsemane gelesen? Er hatte bestimmt keine Lust, geschlagen und ans Kreuz gehängt zu werden, diese totale Verachtung und die schrecklichen Schmerzen und den Todeskampf ertragen zu müssen. Aber Jesus übergab seinem Vater all diese Gefühle und akzeptierte seinen Willen. Die Stärke der Gefühle waren weder ein Gradmesser für seine Liebe noch ließ er sich von ihnen beherrschen.

Jesus verspricht nicht: „Wenn du mich liebst, wirst du dich immer nur sicher und geborgen fühlen und ein ständiges Hoch von religiösen Gefühlen erleben." Nein, er sagt: „Wenn ihr mich liebt, werdet ihr meine Gebote halten" (Johannes 14,15). Echte Liebe zeigt sich durch Gehorsam Gott gegenüber.

Das Beispiel von Jesus zeigt uns, dass wir Liebe sehr wohl steuern und aktiv beeinflussen können. Er hat sich dafür entschieden, uns zu lieben. Er hat sich willentlich dafür *entschieden,* sein Leben für uns zu opfern. Gefühle kommen und gehen ziemlich schnell und unvorhersehbar. Bist du nicht auch froh, dass es sich bei Gottes Liebe für uns nicht um so was Unsicheres handelt? Bist du nicht dankbar, dass Gott seine Liebe unter Kontrolle hat und sie nicht auf schnell wechselnden Launen basiert? Wir müssen von dem Irrglauben wegkommen, dass Liebe eine seltsame Macht ist, die uns wie hilflose Blätter gegen unseren Willen im Wind herumwirbelt. Die Entschuldigung gilt nicht länger, dass die Liebe uns eben von hinten überwältigt hat und wir daraufhin unverantwortlich gehandelt haben.

Das ist keine Liebe. Die Bibel nennt so was im 1. Thessalonicher 4,5 „leidenschaftliche Begierde." Echte Liebe zeigt sich, wenn wir Gott gehorchen und für andere da sind – nicht, wenn wir uns rücksichtslos oder egoistisch verhalten. Wir *entscheiden* uns für unsere Verhaltensweise.

Echte Liebe statt Spielchen

Genug theoretisiert, jetzt lass uns mal praktisch werden. Wir wissen, dass unsere Einstellung zur Liebe unser Beziehungs-Denken beeinflusst. Was passiert, wenn wir nun die Haltung von Jesus annehmen?

Der Blitz wird einschlagen – Funken sprühen!

Gottes echte Liebe spricht gegen die heute übliche

Partnerschaft. Denk mal nach: Du steckst in einer Beziehung, die von der Vorstellung geprägt ist, dass in erster Linie erst mal deine Bedürfnisse befriedigt werden müssen. Achtest du dann nicht darauf, dass bei der ganzen Aktion möglichst viel für dich rausspringt? Am Anfang dieses Kapitels habe ich die Geschichte von Jeff und Gloria erzählt, die viel zu schnell im Bett landeten. Sie waren ein Beispiel für die weltliche Vorstellung von Liebe. Ihre Motive waren eigensüchtig. Jeff wollte Gloria, weil sie hübsch und bei den anderen Jungs beliebt war und weil sie seine sexuellen Wünsche erfüllte. Seine Entscheidung für Gloria war ungefähr so stark von wahrer Liebe geprägt wie die, sich ein Paar neue Jeans zu kaufen – fühlt sich gut an und schaut gut aus. Bei Gloria war es ähnlich. Für sie war Jeff eine Art „Trophäe" – er war äußerst attraktiv, sportlich und hatte ein eigenes Auto. Sie gaben sich, was sie gefühlsmäßig und körperlich wollten, und außerdem diente es ihrem Image.

Was wäre passiert, wenn Jeff und Gloria sich gefragt hätten: „Was ist der *wahre* Grund für unser Zusammensein? Will ich nicht nur meine eigenen Bedürfnisse stillen? Was tue ich dem anderen damit an? Wecke ich Gefühle, die ich noch gar nicht befriedigen kann? Werde ich den anderen verletzen, wenn wir die Beziehung so fortsetzen? Beeinflusst unsere Freundschaft sein Verhältnis zu Gott?"

Wir müssen anfangen, uns diese Fragen zu stellen. Ist diese neue Haltung, die den anderen so wertschätzt, schwieriger? Vielleicht. Ist sie das, was Gott möchte? Auf jeden Fall. Unsere Beweggründe kriegen eine neue Basis, wenn wir das Gift der selbstsüchtigen Liebe endlich ausscheiden.

Es gibt noch mehr Veränderungen, wenn wir versuchen zu lieben, wie Jesus geliebt hat. Jeff und Gloria waren der Meinung, Liebe kann man nicht steuern. Ihre Gefühle bestimmten ihr Verhalten. Sie waren gefangen in der „Lust des Fleisches" und „der Lust der Augen", wie es in 1. Johannes 2,16 genannt wird.

Jeff und Gloria benutzten das „Verliebtsein" als Entschuldigung für ihren Ungehorsam Gott gegenüber. Sexuell nahmen sie alles mit, was sie kriegen konnten. Sie belogen ihre Eltern und stahlen sich gegenseitig ihre Unschuld – alles unter dem Deckmantel der Liebe. Sie ließen sich von Gefühlen leiten, und als diese abkühlten, bedeutete dies das Ende ihrer Beziehung.

Wir müssen unsere Triebe in den Griff kriegen. Sie wollen uns ihren Willen aufzwingen und uns zerstören. Wir sollten nicht zulassen, dass unsere Gefühle den Ton angeben und unsere Handlungsweise in unseren Beziehungen bestimmen.

Liebe muss aufrichtig sein

Wenn wir wie Gott lieben wollen, müssen wir ehrlich sein. „Eure Liebe muss aufrichtig sein" – diese kurze Anweisung in Römer 12,9 ist unmissverständlich. Die Liebe, die Gott für seine Kinder vorgesehen hat, lässt keinen Betrug und keine Heuchelei zu – sie muss ehrlich und echt sein.

Leider ist vieles, was sich heute zwischen Jungen und Mädchen abspielt, nicht echt. Häufig wird erst in Gedanken aufgelistet, welche Vorteile derjenige bringt – wie kann ich profitieren?

Ich erinnere mich an ein Gespräch „unter Männern". (Wenn ein Mädchen dem zufällig gelauscht hätte, wäre sie bestimmt kreidebleich geworden.) Die Jungs protzten mit den verschiedenen Möglichkeiten, wie man ein Mädchen rumkriegt und welche Sprüche sie anwenden, um zum Beispiel einen Kuss zu ergattern. Ein Junge erklärte seine Strategie, abwechselnd Sympathie und Desinteresse zu zeigen. Dadurch würden sich die Mädchen immer noch mehr bemühen, ihm zu gefallen. Ein anderer gab grinsend und selbstzufrieden Tipps, wie man Mädchen „heiß" machen kann. Er geht mit seiner jeweiligen Eroberung gerne in ein Möbelhaus. Während sie durch die Abteilungen schlendern, plaudert er über Kinder und Familie und fragt, welchen Tisch und welches Sofa sie einmal aussuchen würde. „Das lieben die Weiber", meinte er. „Und mit diesen Hochzeits- und Zukunftsplänen im Kopf sind sie dann abends viel zugänglicher."

Eigentlich war diese Unterhaltung ein Kurs in Manipulationstechniken. Alles ist geheuchelt und unehrlich. Die Jungen hatten nicht vor, den Mädchen etwas Gutes zu tun. Sie wollten einfach Gefühle wecken, um dann davon zu profitieren.

Ich bin sicher, auch Mädchen haben da ihre Tricks. Auch wenn diese Vorgehensweisen in unserer Gesellschaft alltäglich und tief verwurzelt sind, müssen wir uns später einmal vor Gott rechtfertigen, warum wir die fünf Worte Gottes „Eure Liebe muss aufrichtig sein" wissentlich nicht ernst genommen haben.

Wir müssen die hohe Verantwortung übernehmen, die uns als lebendige Beispiele für die göttliche Liebe übertragen wurde. Gott sagt: „Daran werden alle erkennen, dass ihr meine Jünger seid: Wenn ihr einander liebt" (Johannes 13,35). Die Menschen um uns herum werden durch die Art, wie wir Liebe leben, spüren, dass wir anders sind. Sie werden einen kleinen Vorgeschmack von der unfassbaren Liebe Gottes bekommen. Sehen die Leute um uns herum in unseren Beziehungen diese ehrliche Liebe? Oder sehen sie bei uns das gleiche selbstsüchtige Verhalten wie überall und wenden sich enttäuscht ab?

Übung macht den Meister ... oder alles kaputt

Die Liebe Jesu bereitet uns auch auf unsere zukünftigen Beziehungen vor. Unsere Umgangsformen und die Art, wie wir andere behandeln, werden wir auch später in unserer Ehe nicht ablegen. Aus diesem Grund müssen wir nicht nur ehrliche Liebe leben, sondern auch Liebe, die Verantwortung übernimmt.

Scheidungen und Fremdgehen sind in unserer Gesellschaft alltäglich. Überleg mal kurz – wie viele deiner Freunde kommen aus kaputten Familien? Ich denke, dass sich dieser Trend mit jeder Generation, die sich immer noch früher auf kurzlebige Beziehungen einlässt, weiter verschlimmern wird. Es scheint, als ob herkömmliche Beziehungen uns nicht für die Ehe vorbereiten, sondern für die Scheidung.

Wir können ein lebenslanges Versprechen nicht in einer Reihe von flüchtigen Liebeleien üben. Bedeutet das also doch, dass wir unseren ersten festen Freund oder unsere erste feste Freundin auf jeden Fall heiraten müssen? Nein. Wir können eine mögliche Ehe vorsichtig ins Auge fassen, jedoch mit der Bereitschaft auszusteigen, wenn Gott es uns zeigt. Es ist ziemlich dämlich, jemanden schnell zu heiraten, nur weil man gewisse Grenzen überschritten hat.

Bei vielen geht es heute nicht mehr darum, einen möglichen Ehepartner zu finden. Viele sind der Vorstellung zum Opfer gefallen, dass man Liebe um der Liebe wegen genießen kann und soll. Mit anderen Worten: „Ich schlafe ganz einfach mit dir, weil Sex toll ist, das hat aber nichts damit zu tun, ob ich für den Rest meines Lebens mit dir zusammenbleiben will." Eine solche Einstellung ist erstens dem anderen gegenüber total unfair und zweitens eine miserable Vorbereitung auf die Ehe. Wer möchte mit jemandem verheiratet sein, der einen sitzenlässt, sobald das Kribbeln im Bauch verschwindet? Wer möchte mit jemandem verheiratet sein, der beim kleinsten Problem die Fliege macht und sich was Neues sucht?

Wir müssen kapieren, dass wir uns für das lebenslange Versprechen einer Ehe, von der ja viele träumen, nicht in kurzzeitigen Abenteuern vorbereiten können. Bis wir so eine Verpflichtung eingehen können – und das ist wirklich ein ganz gewaltiges Versprechen –, erweisen wir uns und andern einen schlechten Dienst, wenn wir zwischenzeitlich ständig von einer Beziehung zur anderen flattern. Wahre Liebe wartet – aber nicht nur auf Sex. Sie wartet auf den richtigen Zeitpunkt, sich für die echte Liebe zu verpflichten – standhaft, unermüdlich und dauerhaft.

Weg mit den 08/15-Flirts!

Verpflichtend, ehrlich, selbstlos, verantwortungsbewusst – alle diese Eigenschaften beschreiben Gottes Liebe und stehen in totalem Widerspruch zu dem, was die Gesellschaft lebt.

Diese kleine Untersuchung führt uns zu einer einfachen Schlussfolgerung: Wir können nicht wie Gott lieben und gleichzeitig die üblichen Spielchen mitmachen.

Eventuell haben ja einige Gedanken in diesem Kapitel dein Interesse geweckt, und du fragst dich: „Wie kann ich das umsetzen?" Ich habe da ein paar Ideen. Sie sind schon eine ganz schöne Herausforderung, und vielleicht kannst du alledem auch nicht zustimmen. Aber an dieser Stelle möchte ich ganz klar meine Überzeugung rüberbringen:

Wenn „Daten" zu selbstsüchtiger, von Gefühlen gesteuerter Liebe führt, die im Widerspruch zu Gottes Liebe steht, dann heißt es, solche Beziehungen abzulehnen. Wir müssen aufhören, Gottes Gedanken den gesellschaftlichen Vorstellungen anzupassen, sondern anfangen zuzulassen, dass sein Maßstab in allen Bereichen unseres Lebens Auswirkungen hat.

5. Warum sich warten lohnt

Alles und das sofort – das Mittel gegen Torschlusspanik?

In *The Book of Virtues* (wörtl.: Das Buch der Tugenden) erzählt William J. Bennett die Geschichte des „magischen Fadens". Es geht um Peter, einen aufgeweckten Jungen, der aufgrund seiner unglaublichen Ungeduld ständig frustriert ist. Das Hier und Jetzt macht ihn unzufrieden, deshalb verliert er sich ständig in Zukunftsträumereien.

Eines Tages begegnet Peter bei einem Spaziergang durch den Wald einer merkwürdigen alten Frau. Sie bietet ihm etwas Verlockendes an: Er bekommt die Möglichkeit, alle öden, uninteressanten Momente seines Lebens zu überspringen. Sie überreicht Peter eine silberne Kugel, aus der ein kleiner goldener Faden herausragt. „Das ist dein Lebensfaden", erklärt sie. „Wenn du ihn nicht berührst, vergeht die Zeit so wie bisher. Wenn du aber willst, dass sie schneller vergeht, musst du nur ein bisschen an dem Faden ziehen. Eine Stunde wird zu einer Sekunde. Aber sei vorsichtig: Ist die Schnur einmal herausgezogen, kann man sie nicht mehr zurückstecken."

Peter ist begeistert. Er nimmt die silberne Kugel und eilt nach Hause.

Gleich am nächsten Tag bietet sich die erste Gelegenheit, die Kugel auszuprobieren. Die Schulstunde will einfach kein Ende nehmen, außerdem macht der Lehrer Peter an, weil er im Unterricht nicht bei der Sache ist. Peter greift nach der silbernen Kugel und zieht ein klein wenig an dem Faden – plopp, schon verlässt der Lehrer das Klassenzimmer: Schulschluss! Peter kann endlich nach Hause gehen. Er ist überglücklich! Jetzt wird sein Leben leicht sein. Jeden Tag zieht er ein bisschen an der Schnur.

Bald fängt Peter an, auch längere Abschnitte in seinem Leben zu überspringen. Warum soll er Zeit verschwenden, wenn er doch einmal stärker zupfen könnte und – ruckzuck – mit der Schule fertig wäre? Gedacht – getan! Schwupps, Peter ist in der Ausbildung. Dann verkürzt er die Verlobungszeit. Er will nicht noch Monate warten, bis er seine Herzallerliebste heiraten kann. Er benutzt wieder den goldenen Faden. Der Hochzeitstag soll schneller kommen.

Sein ganzes Leben lang, immer bei unbequemen Situationen und harten Zeiten, kommt der Faden zum Einsatz – wenn das Baby nachts schreit, bei finanziellen Engpässen oder wenn er sich wünscht, dass seine Kinder schnell Karriere machen. Peter zieht an dem Faden, um jeder momentanen Unzufriedenheit zu entgehen.

Aber am Ende seines Lebens bemerkt Peter traurig, dass er sich leer fühlt. Es war zwar alles einfach, schnell und reibungslos, aber es fehlen die aufregenden Augenblicke, die Tiefe von schwierigen Erfahrungen und so bewegende Gefühle wie Versöhnung, weil er ja nie Reibereien erlebt hat. Ihn erwartet nur noch der Tod.

In der Einleitung dieser Geschichte kommentiert William Bennett: „Viel zu oft wollen wir etwas jetzt sofort, ob wir es wirklich zum Glücklichsein brauchen oder nicht. Das Dumme ist nur, dass häufig die Zeit dafür noch gar nicht reif ist."

Ist deine Beziehung durch Ungeduld geprägt?

Bennetts Geschichte liefert uns einige wertvolle Tipps: Wer oder was hat das Sagen in unseren Beziehungen? Dabei bringt uns Bennetts Aussage in einen anderen Bereich: „Timing" – zum Zeitplan. Der entscheidende

Punkt ist nämlich nicht ob, sondern wann wir eine Beziehung haben. Vielleicht müssen wir erst mal verstehen, dass Gott uns auch als Single gebrauchen kann, und darauf vertrauen, dass er den richtigen Zeitpunkt für unsere Zweisamkeit auswählt.

Beziehungen sind häufig durch Ungeduld geprägt, und die auftauchenden Probleme lassen sich direkt auf das falsche Timing zurückführen. Wir wollen etwas! Und das, was wir wollen, wollen wir sofort! Den magischen Faden, der alles schneller ablaufen lässt, besitzen wir nicht, aber dafür prägen uns viel zu oft falsche Denkweisen, die ähnliche Folgen haben.

 Gott möchte, dass wir jeden Augenblick unseres Lebens als ein Geschenk annehmen und total genießen. Das Leben findet immer im jeweiligen Moment statt: Jetzt! Nicht erst, wenn du die Schule fertig oder die optimale Beziehung hast. Leb es also jetzt, und nutz alle Chancen, die am Wegesrand warten. Wir sollten probieren, geduldig zu sein und Gott vertrauen, dass er den perfekten Zeitplan für alles ausgearbeitet hat – auch für unser Liebesleben!

Lass uns drei Beispiele ansehen, die uns dabei helfen können, falsches Timing in Beziehungen zu vermeiden.

1. Das Richtige zur falschen Zeit ist trotzdem falsch

Wir genießen heutzutage alles Schöne und Angenehme sofort! Warten ist überflüssig. Unser Essen stellen wir in die Mikrowelle, Pakete werden mit der Eilpost befördert, und unsere Briefe verschicken wir per E-Mail. Wir tun alles, um zeitliche Verzögerungen zu vermeiden; es gilt, das Tempo zu erhöhen, die Zeit einzuholen. So was prägt; irgendwie setzt sich durch so eine Lebenshaltung die Erwartung in uns fest, dass alles einfach schnell gehen *müsste*. Wahrscheinlich weißt du genau, was ich meine. Wie hast du reagiert, als du das letzte Mal irgendwo in einer langen Schlange warten musstest? Warst du völlig relaxed, bis du endlich dran warst, oder wurdest du eher zappelig, weil es einfach nicht vorwärts ging?

Diese „Alles muss sofort erledigt sein"-Mentalität zieht sich in alle Lebensbereiche hinein und hat auch unser Zeitverständnis in unseren Beziehungen geprägt. Mit dreizehn einen festen Freund zu haben ist doch normal. Auch das „erste Mal" erleben die Jugendlichen immer früher. Die Älteren tun nichts, um sie von diesem voreiligen Verhalten abzubringen. Außerdem, was sollten sie denn auch sagen, wenn sie selber nach dem Motto „Nimm, was du kriegen kannst" leben?

Warum bestehen wir auf diesem Lebensstil? Ich denke, wir haben das biblische Prinzip „Alles hat seine Zeit" aus den Augen verloren (vgl. Prediger 3,1–8)! So wie sich der Frühling vom Sommer unterscheidet, sind auch in unserem Leben zu den verschiedenen „Jahreszeiten" unterschiedliche Dinge dran. Dabei ist kein Abschnitt besser als der andere, jeder hat seine Höhepunkte und weist spezielle Besonderheiten auf. Wir sollten keinen Lebensabschnitt einfach überspringen. Ein Bauer kann den Sommer bei seiner Arbeit nicht einfach überspringen, um sofort zu ernten. Eine Zeit folgt der anderen.

 Gott hat tolle Pläne für uns, aber alles eben zum richtigen Zeitpunkt. Oft begehen wir den Fehler und nehmen etwas Schönes, das eigentlich erst für später vorgesehen ist, vorweg. Das ist so, als würden wir die Geschenke schon vor Heiligabend auspacken. Wir genießen, wann wir es wollen. Sex vor der Ehe ist hier natürlich wieder mal das beste Beispiel. Sex an sich ist eine wunderschöne Sache (das erzählen mir meine verheirateten Freunde). Leben wir ihn vor der Ehe aus, entspricht dies nicht Gottes Vorstellung; das Geschenk wird vor Weihnachten ausgepackt, und damit verliert es seinen ganzen Zauber. Unreifes Obst schmeckt sauer, und eine Blume zu pflücken, die noch gar nicht aufgeblüht ist, ist dumm. Und genauso zerstören wir die schönen Pläne, die Gott für uns hat, wenn wir seinem Timing zuvorkommen.

Nur weil etwas verlockend aussieht, bedeutet das nicht automatisch, dass wir es sofort nehmen und genießen sollen. Halte dir vor Augen, dass das Richtige zur falschen Zeit falsch ist.

2. Ohne Moos nix los

Das Timing vieler Beziehungen ist vergleichbar mit einem Einkaufsbummel, bei dem du dir sowieso nichts kaufen kannst. Das tolle Outfit sitzt perfekt, aber du hast einfach kein Geld dafür.

Im dritten Kapitel haben wir bereits gesehen, wie wichtig es ist, Gottes Zeitplan einzuhalten und Intimität als Belohnung für die übernommene Verantwortung zu verstehen. Wir könnten das anders formulieren: „Ohne Verpflichtung keine Zärtlichkeiten." Bin ich blank, gibt es keine neuen Klamotten; will ich keine Verantwortung übernehmen, ist es auch nicht dran, sich auf eine Beziehung einzulassen.

Sei mit platonischen Freundschaften zufrieden und schiel nicht auf den Kick des Verliebtseins. Nutz die Zeit sinnvoll mit Freunden. Beobachte andere Pärchen, pick dir die positiven Eigenschaften bei ihnen heraus, die du später auch in deiner Ehe verwirklichen möchtest. Überleg dir dabei auch ruhig, auf was du bei deiner späteren „zweiten Hälfte" Wert legst. Klar können wir in Beziehungen viel lernen, aber man muss aufpassen, keine unwiderruflichen Fehler zu machen und nicht in ihnen steckenzubleiben.

Gott hat einen perfekten Plan für dein Leben, höchstwahrscheinlich auch eine Ehe mit dem optimalen Partner für dich vorbereitet. Vielleicht kennst du die Person bereits, vielleicht aber auch nicht. Verbringst du deine ganze Zeit und Energie damit, diese Person an dich zu binden, tust du ihr wahrscheinlich nicht gerade einen Gefallen. Eventuell braucht derjenige, den du eines Tages heiraten wirst, noch keine feste Bindung (selbst wenn er oder sie es im Moment sogar will), sondern vielmehr einen Menschen, der ihm unterstützend zur Seite steht, damit er sich auf eine spätere Ehe vorbereiten kann. Es ist Quatsch, Zeit mit dem Test zu verschwenden, ob der andere wohl zu einem passt. Das lenkt uns nur von der viel wichtigeren Aufgabe ab, uns selbst zu einem guten Ehepartner zu entwickeln.

Tu deinem zukünftigen Partner einen Gefallen und hör auf, voreilig und ohne Knete bummeln zu gehen.

3. Deine „Solo-Karriere" ist ein Geschenk von Gott

Die wenigsten von uns werden ihr Leben lang Single bleiben. Deshalb sollten wir unsere „Junggesellenzeit" als einen Zeitabschnitt betrachten, den Gott uns als Riesenchance schenkt! Paulus schreibt im 1. Korinther 7,32–34: „Ich möchte euch in all diesen Dingen unbelastet und ohne Sorge wissen. Wer unverheiratet ist, kann sich uneingeschränkt für die Sache Gottes einsetzen und so dem Herrn gefallen. Ist aber jemand verheiratet, so muss er sich seiner Frau zuliebe um viele andere Dinge kümmern, und er kann Gott nur mit einem Teil seiner Kraft dienen. Genauso kann eine unverheiratete Frau mit Leib und Seele, von allen anderen Pflichten unbelastet, dem Herrn dienen."

 Paulus meint nicht, dass die Ehe an sich schlecht ist. Aber er will uns ermutigen, die Zeit als Single als einmalige Gelegenheit anzunehmen. Sie ist keine Strafe, sondern eine nicht selbstverständliche, unvergleichliche Chance für uns, zu einmaligen Persönlichkeiten zu werden. Willst du dir das etwa entgehen lassen?

Ein schlauer Mensch bemerkte einmal: „Tu nichts *gegen* dein Singledasein, tu etwas *mit* ihm." Denk mal eine Minute darüber nach, ob du deine Unabhängigkeit so nutzt, wie Gott es sich vorstellt. Frag dich selbst: „Konzentriere ich mich darauf, Gottes Ding zu machen? Nutze ich diesen Lebensabschnitt, um auf dem Weg mit Gott weiterzukommen und für mich herauszufinden, wer ich vor ihm bin? Oder bin ich zu intensiv damit beschäftigt, eine ‚traute Zweisamkeit' aufzubauen, ohne dass diese schon ein konkretes Ziel hätte? Setze ich meine kostbare Zeit als Single sinnvoll ein? Oder sind meine Gedanken nur auf den nächsten Liebes-Kick ausgerichtet?"

Wenn Gott für uns eigentlich noch eine Zeit des Alleinseins geplant hat, wir uns aber voreilig binden, hindert uns das daran, „Ehe-reif" zu werden. Außerdem erleben wir nicht die tollen Gelegenheiten, die uns das Singledasein bietet. Eine Reihe von Pseudo-Beziehungen kann uns ganz schön runterziehen, während Gott eigentlich möchte, dass wir unsere Freiheit und Flexibilität voll einsetzen. Unabhängig davon, ob du 16 oder 26 bist – das Singledasein kann eine sehr wertvolle Zeit sein. Du verschwendest sie allerdings, wenn du dein Potenzial und deine Energie mit wechselnden Liebschaften verschwendest.

Traust du ihm wirklich über den Weg?

Vertraust du Gott wirklich? Wenn wir diese schlichte Frage mit „Ja" beantworten können, beeinflusst das unsere Einstellung zu allen Lebensfragen und auch und besonders zum Thema Nr. 1. Du musst dir keinen Stress und keine Stielaugen machen. Das erfordert natürlich eine Portion Geduld. Aber genau das will Gott. Es ist im Augenblick natürlich nicht cool und spannend, nicht zu flirten, aber es ist einfach richtig, und darüber freut Gott sich tierisch!

 *Auf Gottes Timing zu warten heißt wirklich glauben, dass er es gut mit uns meint. Auch wenn es noch dauert: Das Beste kommt noch, und es wird deine Erwartungen voll übertreffen!*

Ich gebe offen zu: Ich habe oft Schwierigkeiten damit, Gott so zu vertrauen. Ich glaube ihm schon, dass er gute Pläne mit meinem Leben hat – aber was, wenn sein Verständnis von „gut" ganz anders ist als meins? Hoffentlich will er nicht, dass ich auf immer und ewig Single bleibe und daran zu einem wahren Glaubenshelden reife! Oder ich habe Angst, dass er mir eine Frau gibt, die mich überhaupt nicht anmacht.

Solche Ängste sind natürlich überflüssig, denn unser liebender Vater (so habe ich ihn kennengelernt) würde so was nie machen. Schließlich weiß er, was ich mir ersehne, und wahrscheinlich hat er diese Sehnsüchte höchstpersönlich in mich hineingelegt, weil er sie eines Tages erfüllen wird. Ich wünsche mir ja auch keine Sachen, die seinem Wort entgegenstehen. Trotzdem kommen mir, ehrlich gesagt, immer wieder Zweifel.

Anstatt seinem perfekten Timing zu vertrauen, nehme ich die Dinge häufig wieder selbst in die Hand: „Herr, ich weiß zwar, dass du allmächtig bist und so, aber du hast viel zu tun, und ich schätze mal, du hast übersehen, dass dieses tolle Mädchen da drüben doch eigentlich die ideale Frau für mich ist. Wenn ich jetzt nicht mit ihr anbandle, habe ich sie verpasst!" Ziemlich kleinlaut gebe ich am Ende auf: „Natürlich vertraue ich dir, Herr – ich dachte nur, du könntest vielleicht mal einen kleinen Denkanstoß gebrauchen."

Beziehungen und Marshmallows

Immer wieder habe ich einen Artikel aus dem *Time Magazine* vor Augen: Ein kleines Kind sitzt alleine in einem Raum und starrt auf ein Marshmallow. Dieses seltsame Bild spiegelt meine Gefühle wider, wenn ich mal wieder Schwierigkeiten habe, Gott zu vertrauen, dass er mein zukünftiges Liebesleben im Griff hat.

Das Thema des Artikels hat eigentlich nichts mit Beziehungen zu tun – genausowenig wie die Marshmallows. Er handelt von statistischen Untersuchungen mit Kindern. Es wurde festgestellt, dass das Verhalten von Vierjährigen etwas über die spätere Zukunft des Kindes aussagen kann. Ein Wissenschaftler lud die Kinder eines nach dem andern in einen leeren Raum ein, in dem ein Marshmallow auf einem Tisch lag, und stellte das Kind vor die Wahl: „Wenn du möchtest, kannst du jetzt gleich das Marshmallow haben. Aber wenn du wartest, bis ich wiederkomme, schenke ich dir eine ganze Tüte davon."

Einige Kinder griffen, sobald er die Tür hinter sich zugezogen hatte, sofort nach dem süßen Zeug. Andere warteten ein paar Minuten und naschten dann. Und es gab solche, die geduldiger waren und warteten. Es fiel ihnen nicht leicht, das Marshmallow liegen zu lassen: Sie hielten sich die Augen zu, drehten ihren Kopf weg, sangen, versuchten zu spielen oder schliefen sogar ein. Aber sie hielten durch, bis der Forscher wiederkam und ihnen die schwerverdiente Tüte Marshmallows gab.

Einige Jahre später stellte sich etwas Erstaunliches heraus. Eine erneute Untersuchung der Kinder in der Highschool ergab, dass die damals Vierjährigen, die standhaft genug gewesen waren, auf die Tüte Marshmallows zu warten, durchweg zu umgänglicheren, beliebteren, unternehmungslustigeren, selbstsicheren und zuverlässigeren Teenagern herangewachsen waren. Die anderen Kinder dagegen waren einsamer, schneller frustriert und dickköpfiger. Sie fühlten sich leichter gestresst und stellten sich nur zögernd neuen Herausforderungen.

Die Bedeutung dieser Geschichte ist wohl die: Lernt man, in kleinen Dingen geduldig zu sein, führt dies zu Erfolgen in wichtigeren Bereichen. Die Vierjährigen hatten keine Ahnung, worum es in dieser Untersuchung ging. Sie haben nicht auf das Marshmallow verzichtet, weil sie hofften, später in der Schule tolle Typen zu sein und bessere Noten zu bekommen. Sie konnten widerstehen, weil sie den Versprechungen des Forschers Glauben schenkten. Sie freuten sich auf den Moment, in dem der nette Mann in dem weißen Kittel mit der Tüte voll Marshmallows wiederkommt. Sie hielten durch, weil sie vertrauten.

Dieser Artikel ermutigte mich. Wenn ich manchmal darauf warte, dass Gott mit seinem perfekten Timing endlich loslegt, stehe ich denselben inneren Kampf durch, den diese Kinder erlebten. So, wie das Marshmallow ihnen zuflüsterte: „Greif' zu, iss mich doch!", reizt es mich zuzugreifen, wenn ich ein hübsches Mädchen sehe – so ein Anblick ist schon ziemlich verlockend!

Warum greife ich nicht einfach zu? Warum solltest du dich nicht bedienen? Weil Gott uns eine ganze, ungeöffnete, prallvolle Tüte Marshmallows statt einem von den mickrigen Knatschdingern versprochen hat – der Hauptgewinn kommt noch! Wie bei den kleinen Kindern steht die schnelle Befriedigung direkt vor uns, während man die versprochene Belohnung nicht sehen kann – es gibt dazu das Sprichwort: „Lieber den Spatz in der Hand als die Taube auf dem Dach."

 *Die Frage ist hier: Vertraust du Gott? Bitte sag nicht vorschnell „Ja". Ich frage nochmal: Vertraust du ihm wirklich? Spiegelt sich das in deiner Lebensweise wider? Glaubst du daran, wenn du jetzt etwas scheinbar Ideales ablehnst, weil es vielleicht der falsche Zeitpunkt ist?*

Jim und Elisabeth Elliott standen vor diesen schwierigen Fragen. Sie liebten sich von ganzem Herzen, trotzdem hatten Gottes Wünsche bei ihnen Priorität vor ihren eigenen Bedürfnissen. In dem schon erwähnten Buch „Eine harte Liebe" verdeutlicht Elisabeth Elliot, wie unser Vertrauen in Gottes ultimativen Plan sein sollte. Eine kleine Eichel kann sich bestimmt nicht vorstellen, dass aus ihr mal eine riesige Eiche wird. Sie wird es einfach von selbst, ohne den Schöpfer ständig nach dem Zeitpunkt, der Art und Weise und dem Sinn zu fragen. Wir Menschen haben einen Kopf zum Nachdenken, einen freien Willen und viele Wünsche, die sich gegen den perfekten göttlichen Plan auflehnen können. Aber wir haben auch die Möglichkeit, unserem Schöpfer zu vertrauen, denn er verspricht: „. . .wer aber das Leben um meinetwillen verliert, wird es gewinnen" (Matthäus 10, 39).

Die Antwort heißt schlicht und einfach: Vertrauen!!!

Gott weiß, was er tut

Viele Leute begreifen zu spät, dass man Zufriedenheit nur erreichen kann, wenn in einem drin alles stimmt. In 1. Timotheus 6,6 sagt Paulus: „Die Frömmigkeit bringt in der Tat reichen Gewinn, wenn man nur genügsam ist." Und in Philipper 4,11 schreibt er: „Denn ich habe gelernt, mich in jeder Lage zurechtzufinden." Für uns alle gilt: „Alles vermag ich durch ihn, der mir Kraft gibt" (Philipper 4,13).

Paulus vertraute darauf, dass Gott ihm genug Kraft gibt, um *jede* Schwierigkeit zu meistern. Das Gleiche gilt für uns: Vertrauen wir seiner Stärke und seiner Gnade, dass er uns durch alle Situationen trägt, egal, ob allein oder verheiratet, ob beliebt oder geliebt?

 Der Schlüssel zur Zufriedenheit heißt Vertrauen. Glaub mir, wenn du als Single nicht glücklich bist, dann wirst du das auch nicht, nur weil du einen Ehering am Finger trägst. Wenn wir unser Glück von einem Punkt in der Zukunft abhängig machen, wird es nie kommen, denn wir befinden uns in einer Art ewiger Warteschleife. Jemand Schlaues hat mal gesagt, dass Leben das ist, was uns passiert, während wir darauf warten, dass die Dinge sich ändern (oder so ähnlich).

Wenn wir uns von Ungeduld steuern lassen, werden wir das Schöne der Gegenwart verpassen – wie in der Geschichte mit dem magischen Faden. Eine Frau schrieb mir von ihrer Frustration darüber, dass alle um sie her anscheinend eine sehr seltsame Einstellung haben:

„Eine ungebundene Frau kommt so lange nicht von der Stelle, bis endlich der ‚Richtige' erscheint und sie heiratet. Ledige Frauen sind arm dran. Die Gesellschaft meint, dass sie ruhig hier und da mal ein paar Affären haben können, die Kirche will, dass sie heiraten. Haben sie denn alle die Vorteile des Singledaseins vergessen, die Paulus erwähnte?"

William Booth, der Gründer der Heilsarmee, schrieb: „Redet euren Töchtern nie ein, dass die Ehe das vorrangige Ziel im Leben sei. Erlaubt dies auch niemandem sonst. Wenn ihr das doch zulasst, seid nicht überrascht, wenn sie sich mit dem erstbesten Kerl zusammentun. Frauen und Männer sollten heiraten, wenn es von Gott wirklich so gewollt ist, und nicht, weil sie sonst ‚unvollständig' sind, oder weil sie von der Gesellschaft unter Druck gesetzt werden."

Da kann ich nur zustimmen.

Der Autor John Fischer berichtet aus seiner Zeit als Single: „Gott will, dass ich heute lebe, nicht erst in vier Jahren. Ich soll das volle Potenzial, das ich als lediger Mann habe, erkennen, dankbar dafür sein und es absolut genießen. Eine Person, die immer nur davon träumt, möglichst bald zu heiraten, wird sich zu schnell in einer Ehe wiederfinden, merken, was das alles tatsächlich mit sich bringt – und sich wieder die schöne Zeit als Single zurückwünschen. Dieser Mensch wird sich fragen: ‚Warum habe ich die Zeit nicht genutzt und mich mehr für Gott eingesetzt, als ich noch nicht so viele Verpflichtungen hatte? Warum habe ich mich ihm nicht völlig hingegeben?'"

Anstatt aus Ungeduld vorschnell in eine Ehe zu flüchten oder das Dasein als Single zu bedauern, sollten wir bewusst unsere Freiheit 100%ig nutzen. Vergiss nicht: Diese Zeit ist ein einzigartiges Geschenk mit vielen Vorzügen. Gott zu vertrauen, mit ganzem Herzen sein Reich zu bauen, seiner Gerechtigkeit nachzueifern und ihm das Planen komplett zu überlassen, ist vorrangig.

Wir verstehen vieles nicht, was er tut. Aber wir werden im Nachhinein erkennen, dass sein Timing immer perfekt war. In dem Gedicht „Eines Tages" beschreibt Mary Riley Smith ausdrucksvoll und einleuchtend die himmlische Perspektive, die wir einmal haben werden:

Eines Tages, am Ende aller Jahreszeiten,
wenn Sonne und Sterne für ewig am Firmament leuchten,
werden die Dinge, die unser kleiner Verstand nicht begriff,
die Dinge, die wir mit feuchten Wimpern beweinten,
aufblitzen inmitten des Lebens dunkler Nacht,
wie Sterne funkeln im Dunkelblau des Himmels;
dann werden wir erkennen, wie gut Gottes Pläne waren,
und dass der scheinbare Tadel
für die wahrste aller Lieben stand.

Sei zufrieden, du kleines Herz;
Gottes Pläne entfalten sich wie weiße Lilien;
nicht wir müssen die verhüllenden Blätter abreißen,
der Lauf der Zeit wird den Blütenkelch entkleiden.
Und wenn wir nach viel Plackerei
das Land erreichen, wo müde Füße Ruhe finden,
dann werden wir alles sehen und erkennen,
und wir werden sagen: „Gott wusste, was er tat!"

 Glaubst du, dass Gott weiß, was er tut? Dann übergib ihm deine Lebensplanung und erlaube ihm, das Timing für deine Beziehungen zu übernehmen. Vertrau ihm! Gehe keine Tralala-Beziehungen ein, auch wenn der Rest der Welt dir das empfiehlt. Wenn Gott meint, dass du reif bist, Verantwortung für etwas „Festes" zu übernehmen, wird er dir die richtige Person zum richtigen Zeitpunkt über den Weg laufen lassen.

„Denn mein Plan mit euch steht fest: Ich will euer Glück und nicht euer Unglück. Ich habe im Sinn, euch eine Zukunft zu schenken, wie ihr sie erhofft. Ich, der Herr, sage es" (Jeremia 29,11).

Du kannst ihm vertrauen!

6. Porentief rein

Wie kommt man auf den richtigen Trichter?

Während meiner Highschool-Zeit war ich mal auf einer kirchlichen Wochenendfreizeit. Hier wurde über sexuelle Reinheit gesprochen. Der Leiter bat uns, anonym Karten auszufüllen. Er wollte einen Eindruck gewinnen, wie es um unsere sexuellen „Erfolge" stand. Auf einer Tabelle verteilte er für körperliche Kontakte unterschiedliche Ziffern: Eins stand für flüchtige Küsschen, weiter ging es bis Zehn für den tatsächlichen Geschlechtsverkehr. Er bat uns, die höchste Zahl aufzuschreiben, die wir erreicht hatten.

Nachdem ich mein Kärtchen in den Korb geschmissen hatte, verließ ich mit zwei Freunden den Raum. Die folgende Unterhaltung werde ich nie vergessen. Einer meiner Kumpel schaute zwinkernd zum anderen rüber und fragte ihn: „Na, wie hast du gepunktet, Alter?"

Lachend prahlte mein anderer Freund, er hätte Stufe acht erreicht, fast neun. Dann tauschten sie aus, mit welchem Mädchen aus der Jugendgruppe sie welche Zahl erreicht hatten.

Flirt mit dem Schicksal

Meine zwei Kumpel sind ein gutes Beispiel dafür, wie verschwommen unsere heutige Vorstellung von Reinheit ist. Wir halten sie für unwichtig und wünschen sie uns höchstens zurück, wenn es zu spät ist. Es reicht auch nicht, ihren Wert zu erkennen, wenn wir weiter entgegengesetzt handeln.

Streben wir wirklich nach Reinheit in unseren Beziehungen? Wir sagen, wir wollen es. Aber leben wir so, dass wir unsere Unschuld auch behalten? Leider nicht oft genug. „Mach mich rein", betete Augustinus[*], „aber nicht jetzt!" Wie ihn plagt uns häufig ein schlechtes Gewissen, aber wir haben einfach keinen Bock, unser Verhalten auch konsequent zu ändern. Mal ehrlich: Viele von uns müssten doch zugeben, dass sie nicht wirklich interessiert daran sind, „sauber" zu bleiben. Stattdessen begnügen wir uns mit halben Sachen.

Bei meinen beiden Kumpels gibt es diese Grauzonen wie bei vielen Christen. Solange man vor der „gewissen Grenze" Halt macht und nicht bis zum Äußersten geht, ist man in ihren Augen weiterhin „unschuldig". Aber echte Reinheit ist wie ein Weg. Er beginnt in unseren Gedanken und wird ganz praktisch umgesetzt, indem wir riskante Gelegenheiten meiden.

Schritt für Schritt

Wollen wir wirklich unschuldig bleiben, dürfen wir keine einzige Sekunde von diesem Weg abkommen. Die Geschichte von König David zeigt uns, wie gefährlich ein Schritt zur Seite sein kann. Wenige Geschichten in der Bibel beeindrucken mich so sehr wie die von David und seinem Seitensprung mit Bathseba. Ein so tiefgläubiger, gerechter Mann wie er begeht Ehebruch und sogar einen Mord! Wer will da noch von sich behaupten, vor Versuchungen sicher zu sein? David hatte eine so enge Beziehung mit Gott, wie sie nur wenige haben. Als Hirtenjunge und als König von Gottes Volk schrieb er Psalmen und

---

[*] Augustinus war der größte Kirchengelehrte
des christlichen Altertums

Loblieder, die Christen in aller Welt noch heute ermutigen und inspirieren. Er feierte und verehrte seinen Schöpfer, er vertraute ihm und erfreute sich an ihm. Gott selbst nannte ihn „einen Mann nach seinem Herzen" (Apostelgeschichte 13,22). Wie konnte dieser vorbildliche Mann so tief in Sünde und Unreinheit fallen?

Ganz einfach: Schritt für Schritt.

Es passiert nicht auf einen Schlag. Wie bei vielen richtig dicken Fehlern kam auch David durch einen kleinen, kaum wahrnehmbaren Schritt ab vom richtigen Weg.

Wie fing es an? Wir sehen David auf dem Dach seines Palastes. Es war um die Jahreswende, als die Israeliten in den Krieg zogen. David begleitete seine Armee nicht auf das Schlachtfeld, er blieb in Jerusalem. Diese Entscheidung war vielleicht unbedeutend und berechtigt, aber Tatsache ist, dass David nicht da war, wo er sein sollte. Er war nicht an der Front, um für Gott zu kämpfen.

War das Sünde? Nicht unbedingt, aber es war ein kleiner, erster Schritt in diese Richtung.

Vielleicht hast du schon mal gehört, dass man die „lange Bank" als Lieblingsplatz des Teufels bezeichnet; und so war es auch bei David. Die Energie, die er auf dem Schlachtfeld hätte einsetzen sollen, brauchte ein Ventil. Ruhelos ging er auf dem Dach des Königspalastes hin und her. Von dort aus entdeckte er eine Frau, die gut sichtbar in ihrer Kammer badete. Anstatt seinen Blick abzuwenden, gab er seinem Verlangen nach und beobachtete sie.

Ein zweiter Schritt.

Warum schaute er weiter hin? Er wusste ja, wie ein Frauenkörper aussieht, schließlich war er bereits mehrfach verheiratet. Aber er war von Bathseba völlig hin und weg. Sie war außergewöhnlich schön, und die ganze Angelegenheit hatte was: eine Frau, die sich ganz genießerisch das Wasser über den Körper rinnen lässt, ein Mann, der sie dabei verstohlen beobachtet . . . die Sünde schlich sich in seine Gedanken – David begehrte etwas, was er nicht besaß. Er ließ sich von der Versuchung einfach treiben, ließ zu, dass sie ihn mit sich forttrug.

Wenn du ein ganz normaler Mensch bist, ist dir das auch schon passiert. Bei einer Versuchungssituation musst du die Vor- und Nachteile abwägen, du musst dich entscheiden. Bleibst du innerhalb der klar vorgegebenen Schranken oder überschreitest du sie?

Davids Abkommen vom rechten Weg hätte noch abgewendet werden können. Noch hatte er nur seinen Gedanken freien Lauf gelassen; auch schon gefährlich, wie wir aus den 10 Geboten wissen. Aber nun fing er bewusst an, in die falsche Richtung zu rennen. Er ließ zu, dass die Lust das Steuer in die Hand nahm. Seine sexuellen Wünsche veranlassten ihn, Bathseba zu sich holen zu lassen und mit ihr zu schlafen.

Damit fingen die Komplikationen an. Bathseba wurde schwanger. Ihr Mann, Uria, war auf dem Schlachtfeld, kam als Erzeuger also nicht in Frage. Panisch versuchte David seine Schandtat zu vertuschen. Das gäbe einen Skandal! Er setzte ein Schreiben auf, das den Tod Urias, eines seiner treuesten Soldaten, besiegelte, indem er ihn auf ein Himmelfahrtskommando schickte. Und der Plan gelang.

Der Psalmist wurde zum Mörder.

Wo nahm diese ganze vertrackte Geschichte ihren Anfang? Wann überschritt David die Grenze? In dem Moment, als er Bathseba beim Baden zusah, anstatt sich wegzudrehen? Als er sie küsste? Als er sie berührte? Wo hört Reinheit auf und wo beginnt Unreinheit?

An Davids Situation kannst du sehen, dass sexuelle Unreinheit nichts ist, was plötzlich über einen kommt. Sie schleicht sich ein, wenn wir Gott aus den Augen verlieren. Es beginnt ganz harmlos, lange vor den Turnübungen auf dem Autorücksitz. Der Ausgangspunkt sind unsere Beweggründe und unsere Einstellungen. Jesus sagt ganz deutlich: „Wer eine Frau auch nur lüstern ansieht, hat in seinem Herzen schon Ehebruch mit ihr begangen" (Matthäus 5,28). Unreinheit beginnt in unseren Gedanken und Herzen.

Es geht nicht darum, eine bestimmte Linie nicht zu überschreiten, denn was würde uns davon abhalten, ihr wenigstens so nahe wie möglich zu kommen? Wo müssten wir diese Linie überhaupt ziehen? Beim Händchenhalten, beim Miteinander-Schlafen? Wo ist die Linie – zwischen einem flüchtigen Gute-Nacht-Kuss und einem fünfzehnminütigen, leidenschaftlichen Zungenkuss? Wenn wir wirklich unschuldig und auf dem Weg der Reinheit bleiben wollen, können wir nicht gleichzeitig die Grenzen austesten. Das sind zwei entgegengesetzte Richtungen. Der Wunsch nach echter Reinheit meidet jeden Kompromiss.

Unser Verstand und unsere Füße

Reinheit ist nichts Zufälliges. Sie ist ein Weg, auf dem wir gehen sollen. Das Buch der Sprichwörter zeigt uns, dass dieser permanente „Marsch" zwei Dinge erfordert – unseren Verstand und unsere Füße.

Und noch etwas: Sexuelle Fehltritte sind nichts, was man auf die leichte Schulter nehmen sollte. Im Buch der Sprichwörter ist der verführerische Drang der sexuellen Wünsche durch eine „fremde Frau" symbolisiert. Wir werden gewarnt: „Denn zahlreich sind die Erschlagenen, die sie gefällt hat; viele sind es, die sie ermordet hat" (Sprüche 7,26). König Salomo hat diese Worte vor mehreren hundert Jahren geschrieben, aber diese „Frau" liegt noch immer auf der Lauer. Sie verspricht Vergnügen, doch in Wahrheit ist sie auf Zerstörung aus.

Durch die ganze Geschichte hindurch hat sie zahlreiche Leben ruiniert – die von Männern und von Frauen. In der Bibel werden wir immer wieder vor ihr gewarnt: „Ihr Haus ist ein Weg zur Unterwelt, er führt zu den Kammern des Todes" (Sprüche 7,27). Ungeachtet dessen, wie korrekt und anständig ihre Opfer vorher waren, sobald sie den Fuß in ihr Haus setzen, rasen sie wie auf einer Autobahn ohne Ausfahrt in den Tod. Hast du schon mal auf der Autobahn die richtige Ausfahrt verpasst und musstest deshalb etliche Kilometer weiterfahren, bis du endlich umdrehen konntest? Ist so was nicht unglaublich ärgerlich? Du kannst nicht abbremsen und einfach wenden, sondern du entfernst dich jede Sekunde weiter von deinem Ziel. Vielen Christen geht es in ihren Beziehungen ähnlich. Sie wollen die „Sex-Autobahn" eigentlich verlassen, finden aber keine Ausfahrt, weil die einmal entfachte Leidenschaft sie wie eine Droge immer weiter vorantreibt.

Wie vermeidest du diese Raserei auf der Überholspur? Wie schützt du dich vor dem Abdrehen? Hier ist eine Antwort: „Dein Herz schweife nicht ab auf ihre Wege, verirre dich nicht auf ihre Pfade" (Sprüche 7,25). Vor Gott ein sauberes Leben zu führen erfordert Teamarbeit zwischen unserem Verstand und unseren Füßen. Im Kopf legen wir die Richtung fest, die wir einschlagen möchten. Jeden Tag treffen wir neue Entscheidungen, wo, wann und mit wem wir unsere Zeit wie verbringen. Viele Pärchen wollen eigentlich sexuell clean bleiben, haben sich aber nicht dementsprechend abgesichert. Sie machen weiterhin Dates aus, die sexuelle Kontakte provozieren, und spielen mit dem Feuer. Der Weg, den du mit den Füßen gehst, sollte nie im Widerspruch zu dem stehen, was dein Verstand dir sagt.

Unschuld in Aktion

Für unsere Reinheit müssen wir was tun – unsere Haltung und unsere Lebensweise verändern. Die folgenden Tipps können dir helfen, mit deinem Verstand und deinen Füßen auf dem Pfad der Reinheit zu bleiben.

1. *Mach dir die tiefe Bedeutung von körperlicher Nähe bewusst*
Warum Gott so viel Wert auf sexuelle Unschuld legt, können wir erst verstehen, wenn wir uns der geistlichen und

emotionalen Bedeutung von physischer Nähe bewusst werden.

Viele Leute verstehen Sex als rein körperliche Befriedigung. Man tut sich und dem anderen einen Gefallen. Sie haben Sex, mit wem sie wollen und wann sie wollen. Dieses Verhalten ist ein klarer Verstoß gegen biblische Prinzipien. Trotzdem scheint das auch für viele Christen keine große Sache zu sein. Sich zu küssen, zu umarmen oder zu streicheln ist in ihren Augen keine große Sache. Während wir von nichtgläubigen Mitmenschen erwarten, keinen Sex vor der Ehe zu haben, habe ich das Gefühl, dass auch wir die tiefe Bedeutung von sexueller Nähe aus den Augen verloren haben.

„Männer sehen Sex als eine Erfahrung, die sie eben machen", klärte mich eine gute Freundin auf. „Frauen sehen das ganz anders. Jemanden zu küssen und mit ihm zu schlafen ist für sie etwas ganz Besonderes und Tiefes. Wir zeigen auf diese Art unser Vertrauen, unsere Liebe und unser Herz, und wir machen uns sehr verwundbar."

 Sex ist unendlich viel mehr als die Begegnung von zwei Körpern. Gott erschuf Sexualität als Ausdruck für das Einssein von zwei Menschen. Oft kommt in Gesprächen mit Nicht-Christen die Meinung auf, dass Gott und die Bibel sexfeindlich wären. Dabei ist genau das Gegenteil der Fall: Gott schreibt Sex eine so hohe Bedeutung zu, dass er nicht möchte, dass wir ihn wie irgendeine Billigware verramschen.

(Übrigens: Falls dir mal jemand stecken will, dass die Bibel lustfeindlich ist, empfiehl ihm die Lektüre des Hoheliedes Salomos. Ich finde, dass das ein einziges Fest der Sinne ist – erotischer geht's kaum!) Gott bewertet Sexualität extrem hoch und stellt sie unter „Naturschutz", weil sie für ihn etwas sehr Kostbares ist. Wir sollen damit nicht vorsichtig sein, weil Sex irgendwie schmutzig oder falsch ist, sondern weil es der schönste, tiefste Ausdruck von Nähe ist und nicht durch Hopplahopp-Erlebnisse entwertet werden soll. Ein Mann und eine Frau, die mit der Hochzeit ein gemeinsames Leben starten, erhalten, weil sie nun zusammengehören, das Anrecht auf körperliches Einssein – nicht vorher!

Vielleicht bist du ebenfalls der Meinung: „Kein Sex vor der Ehe". Aber für dich ist Küssen, zärtliches Streicheln und Petting schon noch „erlaubt". Wenn wir Anspruch auf den Körper einer anderen Person erheben, obwohl wir mit ihr gar nicht verheiratet sind, ist das eigentlich vergleichbar mit einem verheirateten Mann, der eine andere Frau küsst und mit ihr schläft und somit Anspruch auf sie erhebt, obwohl ihm das überhaupt nicht zusteht!

„Aber, aber", entgegnest du, „das ist doch was ganz anderes." Ist es das wirklich? Es kursiert das Denken, dass es als Single völlig o.k. ist, mal hier, mal da was „am Laufen zu haben". Bloß nichts anbrennen lassen! Nicht verheiratet zu sein würde auf diese Weise heißen, wir dürfen so einiges „rummachen", da wir ja nicht in festen Händen sind.

Gott sieht das ganz anders: „Die Ehe sei von allen in Ehren gehalten und das Ehebett bleibe unbefleckt" (Hebräer 13,4). Das gilt nicht erst ab dem Hochzeitstag. Als Singles haben wir *jetzt* schon die Aufgabe, die Ehe zu schützen. Das können wir, indem wir uns die tiefe Bedeutung von körperlicher Nähe (in jeder Form!) bewusst machen und uns diese Privilegien für die Ehe aufsparen.

2. Stell hohe Ansprüche

Am Anfang seiner Arbeit hatte Billy Graham, der bekannte amerikanische Evangelist, mit großem Misstrauen vonseiten der Öffentlichkeit zu kämpfen. Er fand heraus, dass die meisten an der Aufrichtigkeit von Evangelisten zweifelten, besonders im sexuellen Bereich. Aus diesem Grunde vermieden er und seine Mitarbeiter alle Situationen, in denen sie mit Frauen, außer ihren eigenen Ehefrauen, alleine waren. Ganz schön umständlich, dieses Verhalten!

Denk mal darüber nach. Hatten diese Männer wirklich Angst vor dem Fremdgehen? War das nicht ein bisschen übertrieben?

Tja, die Antwort finden wir in unserer Geschichte. Was hat in den letzten Jahren der Kirche so sehr geschadet wie das unmoralische Verhalten geistlicher Leiter? Doch bei Billy Graham gibt's da keine Angriffspunkte! Seine Glaubwürdigkeit und Ehrlichkeit haben die Gesellschaft überzeugt. Wie hat er das geschafft, woran so viele andere scheiterten? Er hat hohe Ansprüche an sich selbst gestellt, er hat sich geschützt und vorgesorgt – er war mehr als korrekt!

Wir können nur wirklich sauber bleiben, indem wir zwei Dinge tun. Erstens: der Sünde schon im Embryonen-Stadium entgegentreten. Zweitens: jeder Versuchung aus dem Weg gehen. Billy Graham befolgte beides: Er erstickte die Sünde schon im Keim und schützte sich vor verführerischen Risiken.

Diesen Eifer wünscht sich Gott auch in unseren vorehelichen Beziehungen. Wie soll das denn genau aussehen? Für mich und viele andere heißt es, Flirts und oberflächliche Beziehungen abzulehnen. Ich gehe mit einer Clique von Freunden weg. Ich vermeide es, mich mit einem Mädchen alleine zu treffen. Vielleicht klingt das jetzt krampfig. Kann ich mich nicht zusammenreißen? Habe ich keine Selbstdisziplin? Na ja, vielleicht könnte ich damit umgehen, aber das ist nicht der springende Punkt. Gott sagt: „Flieh vor den Begierden der Jugend; strebe unermüdlich nach Gerechtigkeit, Glauben, Liebe und Frieden, zusammen mit all denen, die den Herrn aus reinem Herzen anrufen" (2. Timotheus 2,22).

 Ich werde nicht austesten, bis zu welchem Punkt ich einer Versuchung widerstehen kann. Gott ist nicht von unserer Standhaftigkeit der Sünde gegenüber beeindruckt, sondern er möchte, dass wir wachsam sind und ihr den Rücken zukehren.

Auch für Pärchen, die kurz vor der Verlobung stehen oder bereits verlobt sind, gelten diese Prinzipien. Setzt eure Messlatte höher als notwendig. Erstickt Versuchungen bereits im Keim. Bis ihr verheiratet seid – also bis ihr wirklich vor dem Altar steht und das Treuegelöbnis ablegt und die Ringe tauscht – habt ihr keinen Anspruch darauf, euch so zu verhalten, als ob eure Körper euch gegenseitig gehören.

Vielleicht bezeichnest du mich jetzt als turbo-kleinkariert oder sagst: „Der macht doch Witze. Ein flüchtiger Kuss hat noch keinen auf die schiefe Bahn gebracht."

Ich möchte dich zur Weitsicht ermutigen. Der kleinste sexuelle Fehltritt vor der Ehe kann gefährlich sein, denn da kommt wieder der Gedanke von den geweckten Wünschen ins Spiel. Es ist kurzsichtig, etwas zu beginnen, was wir nicht zu Ende führen sollen und wollen. Körperliche Nähe weckt Bedürfnisse und Leidenschaft, die nicht gestillt werden können, sondern die wir mittendrin wieder „abstellen" müssen. Ganz schön dämlich! Die Bibel sagt, dass der Pfad der Sünde, besonders in Bezug auf vorzeitigen Sex, wie ein Weg in die Unterwelt ist. Wir sollten nicht erst einmal drauflos laufen und dann kurz vor dem Ziel noch irgendwie versuchen abzubiegen. Gott will, dass wir von dieser gefährlichen Autobahn ganz fernbleiben.

Er hat die Sexualität für den geschützten Rahmen der Ehe geplant. Dort kann man sie 100%ig genießen. Dort darf uns die Sache dann total „aus der Hand gleiten", wir können uns völlig fallenlassen und müssen keine Bedenken, Ängste und Hemmungen mehr haben. Und ehrlich gesagt finde ich, dass Sex nur so richtig Spaß machen kann!

Ich bin wirklich davon überzeugt, dass wir Gottes Geschenk der Sexualität nur dann bewahren, wenn wir der Autobahn ganz fernbleiben. Wenn wir Sünde im Ansatz tolerieren, lassen wir zu, dass sie sich in unserem Leben immer weiter ausbreitet. „Jeder wird von seiner eigenen Begierde, die ihn lockt und fängt, in Versuchung geführt. Wenn die Begierde dann schwanger geworden

ist, bringt sie die Sünde zur Welt; ist die Sünde reif geworden, bringt sie den Tod hervor", heißt es in Jakobus 1,14–
15. Lassen wir Sünde wuchern, ist sie irgendwann für uns
nicht mehr kontrollierbar. Es braucht einen hohen
Anspruch an uns selbst, um ihr rechtzeitig Einhalt zu
gebieten.

Schraub deine Ansprüche höher, denn deine Unschuld
ist kostbar!

3. Mach die Reinheit anderer zu deiner Priorität

Eine gute Strategie, selber sauber zu bleiben, ist, auch die
Reinheit der anderen zu achten. Normalerweise bringen
sich Jungen und Mädchen – physisch wie emotional –
gegenseitig in Gefahr. Aber kannst du dir vorstellen, wie
genial es wäre, wenn beide Seiten füreinander Verantwortung übernehmen würden?

Wie kann das ganz praktisch funktionieren?

DIE VERANTWORTUNG DER JUNGEN: Jungs, es ist an der Zeit,
die Ehre und die Reinheit der Mädchen zu schützen. Lasst
uns aufhören, „Jäger" zu sein, sondern lieber „Ritter", die
auf die Mädchen aufpassen.

Wie? Zuallererst müssen wir verstehen, dass Mädchen
nicht so stark wie wir mit dem sexuellen Drang zu kämpfen haben, sondern mehr in Gefühlen leben. Wir können
ihre Herzen schützen, wenn wir ehrlich und offen mit
ihnen umgehen, mit der Flirterei aufhören, keine Spielchen mehr mit ihnen treiben oder ihnen etwas vorlü-
gen. Nichts, was wir sagen oder tun, sollte unangemes-
sene Gefühle oder Erwartungen bei einem Mädchen
wecken.

Ein guter Freund von mir, Matt Canlis, war ein tolles
Beispiel. Schon lange bevor er und seine spätere Frau
Julie über Hochzeit sprachen, fühlte er sich zu ihr hingezogen. Aber Gott hatte ihr irgendwann klargemacht, dass
sie sich erst auf ihn konzentrieren und sich noch nicht zu
stark auf Matt einlassen sollte.

Obwohl, nein, gerade *weil* Matt Julie sehr mochte, war

es seine Priorität, Julies Herz während dieser Zeit des Wartens zu beschützen. Er kontrollierte seinen Wunsch, mit Julie zu flirten. Er vermied Gelegenheiten, mit ihr allein zu sein, und wenn sie mit der Clique etwas unternahmen, hütete er sich davor, ihr zu viel Aufmerksamkeit zu widmen. Er ging Situationen aus dem Weg, die es für Julie schwer gemacht hätten, sich auf Gott zu konzentrieren.

Diese „Wartezeit" hielt nicht ewig an; die beiden verlobten sich. Ein paar Wochen vor ihrer Hochzeit aß ich mit den beiden zu Mittag. Julie erklärte, wie dankbar sie war, dass Matt reif genug war, ihre Bedürfnisse zu sehen und seine erst einmal zurückzustellen. Weil ihm der Wert ihrer emotionalen und geistlichen Unversehrtheit vorrangig war, hatte Matt ihr ermöglicht, sich völlig auf Gott auszurichten. Wäre Matt selbstsüchtig gewesen, hätte er sie vorzeitig für sich gewinnen wollen und das zerstört, was Gott für, mit und durch Julies Leben vollbringen wollte.

Ich fühle mich ganz schön mies, wenn ich an die vielen Male denke, in denen ich die Verantwortung für das Herz eines Mädchens in den Wind geschossen habe. Statt eines Ritters war ich ein Strauchdieb – aber ich bin entschlossen, es jetzt besser zu machen.

DIE VERANTWORTUNG DER MÄDCHEN: Mädels, eure Rolle ist genauso wichtig. Erinnert ihr euch an die „fremde Frau", von der wir vorher sprachen? Eure Aufgabe ist es, dafür zu sorgen, dass die Vetreter des männlichen Geschlechts nicht durch eure Reize vom Weg abkommen werden. Macht euch bewusst, dass durch eure Blicke und euer Verhalten bei den Jungs sofort erotische Wünsche entstehen.

Vielleicht wisst ihr gar nicht, dass Jungen am meisten mit visuellen Reizen zu kämpfen haben. Es ist schwer für sie, ihre Gedanken unter Kontrolle zu halten, wenn ein aufreizend gekleidetes Mädchen auftaucht. Ich will mich hier nicht in euern Kleidungsgeschmack einmischen, aber ich wäre froh, wenn sich die Mädchen beim Klamottenkauf nicht nur an der Mode orientieren würden. Natürlich, Jungs sind dafür verantwortlich, diszipliniert zu bleiben, aber ihr könnt es ihnen wesentlich leichter machen, indem ihr keine Sachen anzieht, die eure weiblichen Reize mordsmäßig betonen.

Zwar sagen alle (Männer inklusive): „Wenn du eine tolle Figur hast, solltest du sie auch zeigen." Aber du kannst helfen, gegen den Strom zu schwimmen. Ich kenne viele Mädchen, die im Mini und engen Oberteilen sehr gut aussähen und das auch wissen. Aber sie fühlen sich verantwortlich dafür, es den Jungs nicht unnötig schwer zu machen. Für Mädchen mit dieser Einstellung bin ich total dankbar.

„Lasst uns aufeinander achten und uns zur Liebe und zu guten Taten anspornen", heißt es in Hebräer 10,24. Es ist Zeit, dass wir uns für die Reinheit der anderen verantwortlich fühlen.

Sauber ist schön

Natürlich erfordert das 'ne Menge Arbeit. Reinheit passiert nicht einfach so, sondern braucht Gehorsam gegenüber Gott. Aber hier handelt es sich nicht um einen lästigen Gehorsam. Wenn ich mir die Auswüchse von sexuellen Fehltritten anschaue, ist es für mich völlig plausibel, Gottes Willen zu befolgen und auf das Beste und Schönste zu warten. Unreinheit ist wie eine verrußte Schicht, die sich um unsere Seele legt, ein Schatten, der kein Licht durchlässt und unser Inneres verdunkelt. Durch solches Verhalten entfernen wir uns von Gott, und wenn wir uns nicht mehr in Gottes Gegenwart befinden, sind wir völlig schutzlos. Ohne Reinheit wird Gottes Geschenk der Sexualität beschmutzt und zu einem gefährlichen Spiel. Eine Beziehung ohne Reinheit wird sich schnell auf zwei Körper reduzieren, die nur sexuelles Vergnügen wollen. Ohne Reinheit sind unsere Gedanken unserem triebhaften Verlangen und unserer Fantasie hilflos ausgeliefert.

Wie können wir das Schöne an der Reinheit erkennen? Reinheit ist sozusagen die Eintrittskarte in den vollen Genuss von Gottes Schöpfung. „Wer darf hinaufziehn zum Berg des Herrn, wer darf stehen an seiner heiligen Stätte? Der reine Hände hat und ein lauteres Herz", erläutert Psalm 24,3–4. Reinheit führt uns also in Gottes Gegenwart. Jesus sagt: „Selig, die ein reines Herz haben; denn sie werden Gott schauen" (Matthäus 5,8). Wir können Gott also nur sehen und vom Heiligen Geist nur erfüllt werden, wenn wir ein reines Herz haben.

Willst du das haben? Sehnst du dich danach? Bist du bereit, auf den schnellen „Snack" zu verzichten, um unschuldig zu bleiben und dein Leben auf Gott auszurichten? Es lohnt sich!

7. Eine bereinigte Vergangenheit: Das Zimmer

Wie Jesus mit Sachen umgeht, die falsch gelaufen sind

Normalerweise erzähle ich niemandem meine Träume, aber ich möchte dir von einem berichten, der mich ziemlich aufgewühlt hat.

Als Christen „wissen" wir bestimmte Dinge, zum Beispiel, dass Jesus uns liebt und dass er für unsere Sünden starb. Das haben wir schon oft gehört, es klingt so abgedroschen, dass uns die tiefe Bedeutung dieser Aussagen oft schon gar nicht mehr bewusst ist. Wir müssen sie uns neu vor Augen führen, um ihren Wert zu entdecken.

Der Traum, den ich eines Nachts hatte, erinnert mich wieder daran. Er fasste alles zusammen, was Jesus Christus für mich getan hatte.

Ich erzähle ihn, weil wir uns nach dem vergangenen Kapitel über die Wichtigkeit der Reinheit Gottes unglaubliche Gnade ins Gedächtnis rufen sollten. Bei einigen, wie auch bei mir, kommt Bedauern auf, wenn sie über ihre eigene Reinheit nachdenken.

Genau dann ist dieser Traum, den ich „Das Zimmer" nenne, an dich gerichtet:

Ich befand mich in einem Zimmer, in dem nichts war außer einem Regal voller Kästen mit Karteikarten. Sie ähnelten den Karten, die man in Büchereien findet, auf denen Titel, Autor und Sachgebiet alphabetisch aufgelistet sind. Aber die Kästen hier, die vom Fußboden bis zur Decke reichten und zur rechten und linken Seite kein Ende nahmen, waren in ganz unterschiedliche Rubriken eingeteilt. Als ich mich dem Regal näherte, erregte eine Box mit der Aufschrift: „Mädchen, in die ich verliebt war" meine Aufmerksamkeit. Ich öffnete den Kasten und begann ein bisschen herumzublättern. Schnell schlug ich ihn wieder zu. Erschrocken stellte ich fest, dass mir all die Namen bekannt vorkamen.

Ohne dass es mir jemand sagen musste, wusste ich genau, wo ich war. Dieser düstere Raum mit seinen Akten beinhaltete ein Katalogsystem über mein Leben. Hier war alles aufgeschrieben, Wichtiges und Unwichtiges, mit allen Details, an die ich mich gar nicht mehr erinnern konnte.

Verwunderung und Neugier überkamen mich gleichzeitig, als ich mit einem Schaudern anfing, planlos die Kästchen zu öffnen, um ihren Inhalt zu inspizieren. Einige brachten Freude und schöne Erinnerungen, bei anderen schämte ich mich so sehr, dass ich mich sogar vorsichtig umdrehte, um zu sehen, ob mich jemand beobachtete. Der Kasten „Freunde" stand neben dem Kasten „Freunde, die ich enttäuscht habe". Die Aufschriften waren zum Teil ganz normal, zum Teil ziemlich absurd. „Bücher, die ich gelesen habe", „Lügen, die ich erzählt habe", „Ermutigungen für andere", „Witze, über die ich gelacht habe". Einige waren in ihrer Exaktheit fast schon witzig: „Worte, die ich meinem Bruder an den Kopf schmiss". Über andere konnte ich gar nicht lachen: „Dinge, die ich aus Wut getan habe", „Beleidigungen, die ich im Stillen gegenüber meinen Eltern aussprach". Immer wieder war ich über die Inhalte überrascht. Häufig fand ich viel mehr Karten vor, als ich erwartete, manchmal weniger, als ich erhoffte.

Die unglaubliche Menge der Kästen überwältigte mich. Konnte es möglich sein, dass ich mit meinen zwanzig Jahren all diese Karten, bestimmt tausende oder sogar Millionen, ausgefüllt hatte? Jede Karte bestätigte diese Annahme. Sie wiesen alle meine Handschrift und sogar meine Unterschrift auf.

Der Kasten „Lieder, die ich angehört habe" war viel größer als alle anderen, fast drei Meter breit! Die Karten waren eng hintereinander eingeordnet. Ich schloss ihn beschämt, nicht so sehr wegen der Qualität der Musik, sondern weil ich mir der immensen Zeitverschwendung bewusst wurde, die diese Rubrik deutlich machte.

Als ich die Aufschrift „Erotische Gedanken" entdeckte, lief mir ein Schauder über den Rücken. Ich zog den Kasten nur ein Stück heraus, denn ich wollte die Größe gar nicht erst sehen, und nahm schnell eine Karte heraus. Innerlich zuckte ich zusammen bei den genauen Angaben darauf. Mir wurde schlecht, als ich daran dachte, dass auch solche Momente festgehalten waren.

Plötzlich wurde ich unglaublich zornig. Ich hatte nur einen einzigen Gedanken: „Niemand darf diese Karten jemals sehen! Niemand darf jemals dieses Zimmer entdecken! Ich muss sie zerstören!" In wilder Verzweiflung zog ich ruckartig den Kasten raus. Die Größe war jetzt völlig egal. Ich musste ihn leeren und die Karteikarten vernichten. Ich drehte den Kasten um und schüttelte die Karten heraus, um sie zu zertreten. Doch keine einzige ging kaputt! Außer Atem nahm ich eine Karte in die Hand und bemerkte, dass sie stahlhart war – unzerstörbar. Geschlagen und völlig hilflos stellte ich den Kasten an seinen Platz zurück.

Und dann sah ich es. Die Aufschrift eines Kastens lautete: „Personen, denen ich von Gott erzählt habe." Der Griff dieses Kästchens war sauberer als die anderen drumherum, neuer, fast unbenutzt. Ich zog, und ein Kasten nicht länger als ein paar Zentimeter kam zum Vorschein. Ich konnte die Karten darin an einer Hand abzählen.

Mir kamen die Tränen. Wildes Schluchzen schüttelte mich. Ich fiel auf die Knie und weinte laut, weil ich mich so wahnsinnig schämte. Vor meinen Augen drehten sich jetzt die Regale mit ihren ganzen Aufzeichnungen. Niemand, wirklich niemand, darf jemals von diesem Raum erfahren. Ich muss ihn abschließen und den Schlüssel verstecken.

Dann, als die Tränen versiegt waren, sah ich ihn. Oh nein, bitte nicht er. Nicht hier. Nein, alles, aber bitte nicht Jesus!

Hilflos nahm ich wahr, dass er die Kästen öffnete und die Karteikarten durchlas. Ich konnte nicht mit ansehen, wie er reagieren würde. Als ich mich überwand und ihm ins Gesicht schaute, bemerkte ich, dass es ihn noch viel mehr schmerzte als mich. Intuitiv schien er die peinlichsten Kästen herauszunehmen. Warum musste er jede einzelne Karte lesen?

Schließlich drehte er sich um und sah zu mir herüber. Mitleid spiegelte sich in seinen Augen. Ich senkte meinen Kopf, hielt mir die Hände vors Gesicht und fing wieder an zu heulen. Er kam zu mir und legte den Arm um mich. Er hätte so viel sagen können – aber er schwieg. Er weinte mit mir.

Dann stand er auf und ging zurück zu dem Regal. Er begann an einer Seite des Zimmers, nahm jeden Kasten raus und fing an, meinen Namen durchzustreichen und ihn mit seinem eigenen zu überschreiben – auf jeder Karteikarte.

„Nein", schrie ich und rannte zu ihm herüber. Das Einzige, was ich sagen konnte, war „Nein, nein", als ich ihm die Karte aus der Hand zog. Sein Name sollte nicht auf diesen Karten stehen. Aber da stand er schon, mit blutroter Farbe. Nur sein Name war zu lesen, Jesus, nicht mehr meiner. Er hatte mit seinem Blut unterschrieben.

Schweigend nahm er die Karte zurück. Er lächelte traurig, während er weiter die Karten unterzeichnete. Ich weiß nicht, wie er das so schnell gemacht hat, denn schon im nächsten Moment hörte ich den letzten Kasten zuklappen. Er legte seine Hand auf meine Schulter und sagte: „Es ist vollbracht."

Ich stand auf, und er führte mich aus dem Zimmer. Es gab kein Schloss an der Tür. Aber es gab viele weitere leere Karten, die darauf warteten, beschrieben zu werden.

Für Sünder wie dich und mich gibt es eine gute Nachricht: Jesus hat unsere Schulden bezahlt. Er hat unsere Sünde mit seinem Blut weggewaschen, er hat unsere Vergangenheit vergessen gemacht. Ab heute beginnt die Unschuld neu.

„Darum lasst uns ablegen die Werke der Finsternis und anlegen die Waffen des Lichts" (Römer 13,12). Zugegeben, einige von uns müssen mehr „ablegen" – mehr Erinnerungen, mehr Schmerzen, mehr Bedauern. Aber die Vergangenheit hat keinen Einfluss mehr auf unsere Zukunft. Wir haben jetzt wieder ganz neu die Wahl, wie wir von nun an leben wollen. Schenken wir Gott unser Herz und begeben uns auf seinen Weg? „Lasst uns ehrenhaft leben", heißt es im Römerbrief weiter, „. . . ohne Unzucht und Ausschweifung ... Legt als neues Gewand den Herrn Jesus Christus an, und sorgt nicht so für euren Leib, dass die Begierden erwachen" (Römer 13,13–14).

Niemand von uns steht sauber vor Gott da. Wir haben alle Fehler begangen. Aber es spielt keine Rolle, wie viel Dreck wir am Stecken haben: Sobald wir Jesus unser Herz völlig übergeben, wird es absolut rein.

Unsere Sünden sind vergeben und vergessen. Gott macht uns so rein wie Jesus Christus. Sieh dich selbst, wie Gott dich sieht: strahlend weiß wie Schnee und völlig sauber.

Vielleicht gibt es etwas, das dich immer noch beschäftigt. Aufgrund dieser Erinnerung glaubst du, Gottes Liebe und seiner Vergebung nicht wert zu sein. Lass dich nicht von deiner Vergangenheit fertigmachen und lähmen. Vergiss sie! Denn wenn du diesen ganzen Mist bereust, hat Gott versprochen, nie wieder an diese Dinge zu denken (Hebräer 8,12). Mach einen Schritt nach vorne.

Ein Leben voller Reinheit erwartet dich.

Nochmal von vorn

Teil 3

8. Eine weiße Weste

Vier wichtige Schritte
auf dem Weg zu Gottes Plan

Etwas aufzubauen bedeutet oft, erst mal etwas abzureißen.

Vor Kurzem waren mein Vater und mein jüngerer Bruder Joel zur Geburtstagsparty von Stephen, einem von Joels besten Freunden, eingeladen. Stephen wurde dreizehn, und sein Vater wollte diesen Tag zu etwas ganz Außergewöhnlichem machen. Schöne Geschenke allein reichten da nicht; Stephens Vater wollte seinem Sohn an diesem Tag nämlich auch Weisheit mit auf den Weg geben. Deshalb lud er zu der Feier die Väter der anderen Jungen mit ein. Er bat sie, ein ungewöhnliches Geschenk mitzubringen – nämlich einen praktischen Gegenstand, den sie in ihrem Beruf immer wieder brauchten.

Jeder Vater übergab Stephen sein „Werkzeug" zusammen mit seinem Ratschlag für den Werkzeugkasten, der Stephen von nun an in seinem Leben begleiten würde. Die Gegenstände waren so unterschiedlich wie die Männer, die sie überreichten. Mein Vater schenkte Stephen einen hochwertigen Füller und erklärte, er sei nicht nur dazu da, Gedanken aufzuschreiben, sondern auch, um seine Meinung unwiderruflich darzulegen, wenn er beispielsweise einen Vertrag unterzeichnet.

Ein anderer Vater, ein Maurer, gab Stephen einen kleinen Kasten: „Hier drin ist das Werkzeug, das ich am häufigsten benutze", sagte er. Stephen öffnete es und entdeckte eine Zange.

„Meine Zange sieht zwar recht gewöhnlich aus", meinte der Vater, „aber sie ist das wichtigste Instrument, das ich besitze." Er erzählte, wie er eines Tages eine Mauer baute; plötzlich stellte er fest, dass sie etwas schief war. Statt aufzuhören, um den Fehler mit wenig Mühe und geringem Zeitaufwand zu beheben, entschied er sich weiterzumachen und hoffte, dass die Sache sich im Laufe der Arbeit schon irgendwie einrenken lassen würde. Die Rechnung ging nicht auf – das Problem wurde immer schlimmer, die Wand immer schiefer. Am Ende, nachdem er viel Material verbraucht und viel Zeit investiert hatte, musste er die fast fertige Wand abreißen und komplett neu aufbauen.

„Stephen", der Maurer war sehr ernst dabei, „es wird Augenblicke in deinem Leben geben, in denen dir klar wird, dass du Fehler gemacht hast. Du hast dann die Wahl: Entweder deinen Stolz zu überwinden und ein paar Nägel ziehen oder uneinsichtig weiterzumachen und zu hoffen, dass die Probleme sich von alleine lösen. Meistens wird es jedoch nur noch schlimmer. Ich gebe dir diese Zange, um dich an folgendes Prinzip zu erinnern: Wenn du merkst, du hast einen Fehler gemacht, ist es das Beste, gleich die falsch gesetzten Nägel zu ziehen und von vorne anzufangen."

Leben, wie es Gott gefällt

Der Ratschlag mit der Zange ist für alle super-hilfreich, die schon mal eine Beziehung auf falschen Einstellungen und Vorgehensweisen aufgebaut haben. Für viele heißt das, etwas Altes erst mal abzureißen, bevor was Neues errichtet werden kann. Häufig bedeutet es auch, bestehende Beziehungen zu beenden.

Egal, wie es bei dir gerade aussieht, die folgenden Schritte sind wichtig, wenn unser Liebesleben von einem neuen Lebensstil geprägt sein soll, der Gott gefällt.

1. Fang mit einer weißen Weste ganz neu an
Zuallererst müssen wir für unser falsches Verhalten in
Beziehungen um Vergebung bitten. Die Bibel spricht von
„Buße tun", das heißt, sich von falschen Dingen abwen-
den, sie bereuen, die Konsequenzen ausbaden und ver-
suchen, von nun an das Richtige zu tun. Buße ist wie eine
Richtungsänderung; dabei spielt unsere Herzenshaltung
eine große Rolle.

Warst du in deinen Freundschaften selbstsüchtig?
Wenn ja, gesteh es dir ein und bemühe dich um Ände-
rung. Bist du locker und leichtsinnig mit deiner sexuellen
Reinheit umgegangen? Dann solltest du Gott um Verzeihung bitten und Wege finden, da nicht wieder reinzu-
schliddern. Steckst du momentan in einer Beziehung,
von der du weißt, dass sie falsch ist (aus welchem Grund
auch immer)? Dann bitte Gott, dir den Mut zu geben, seinen Vorstellungen zu entsprechen, auch wenn es vielleicht bedeutet, diese „Geschichte" abzubrechen.

Schlussmachen ist ziemlich unangenehm. Danny, acht-
zehn Jahre alt, wusste, wie er die Schwierigkeiten in seiner Beziehung mit Trisha auf einen Schlag loswerden
könnte: Schluss machen. Sie waren seit mehr als sieben
Monaten zusammen, und während dieser Zeit waren sie
sich körperlich ziemlich schnell immer näher gekommen. Sie wollten es zwar nicht, aber egal, wie oft sie
irgendwelche Regeln aufstellten, wo sie aufhören wollten – sie überschritten die Grenzen immer wieder. Keiner der beiden hatte vor, in näherer Zukunft zu heiraten,
und Danny war sich insgeheim nicht mal sicher, ob
sie beide wirklich füreinander bestimmt waren. Wenn er
die Sache mit ihr so weiterlaufen ließ, belog er sie im
Grunde.

Erleichtern diese Gründe das „Schlussmachen"? Nein,
bestimmt nicht, denn so etwas tut immer weh. Aber vergiss nicht, weiterhin in einer falschen Partnerschaft zu
stecken, wird den Schmerz, wenn sie dann doch mal zu
Ende geht, noch vergrößern. Sei mutig und gehorche –

jetzt. Heute Gehorsam aufzubringen kann dir morgen eine Menge Schmerzen und Bedauern ersparen.

Bei einer Trennung solltest du dir unbedingt ein paar Dinge klarmachen. Erstens, mach wirklich Schluss. Lass keine Hintertürchen offen, und lass keine Bemerkungen fallen, die eine „Wiedervereinigung" andeuten. Ihr solltet euch wahrscheinlich auch eine Zeitlang aus dem Weg gehen. Danny hatte häufig Lust, Trisha nach ihrer Trennung anzurufen, nur um ein bisschen zu „plaudern" oder um etwas zusammen zu unternehmen „wie in alten Zeiten". Aber so etwas lässt alte Gefühle neu hochkommen und reißt Wunden wieder auf. Es war nicht leicht, aber Danny wusste, dass sie sich definitiv und ganz und gar trennen mussten.

DIE BEZIEHUNG NEU AUSRICHTEN. Eines Tages stellte Sheena fest, dass ihre Freundschaft mit einem der Jungen aus der Kirche immer ernster wurde. Sie waren kein offizielles „Pärchen", aber komischerweise ergab es sich immer wieder, dass sie sich in der gleichen Gruppe trafen oder dass sie total oft telefonierten. Als Sheena sich dessen bewusst wurde, beschloss sie, diesem Freund ihre Befürchtungen mitzuteilen: „Ich mag dich wirklich sehr gern, aber ich denke, wir konzentrieren uns ein bisschen zu sehr aufeinander." Sheena musste dafür ihren ganzen Mut zusammennehmen, aber diese kleine Unterhaltung sorgte dafür, dass ihre Freundschaft auf dem richtigen Weg blieb.

Mit einer sauberen Weste zu beginnen bedeutet nicht immer automatisch „Schluss machen". Manchmal muss man in der Beziehung nur eine Kurskorrektur vornehmen, um ein Abdriften zu verhindern.

SEI DEMÜTIG – ENTSCHULDIGE DICH. Als Jonathan mit Kara Schluss machte, hatte er ihr nicht zuerst alle Fehler, die sie in der Beziehung gemacht hatte, unter die Nase gerieben. Er bat sie stattdessen um Verzeihung, weil er auf der körperlichen Ebene wohl etwas zu forsch vorgegangen war. „Ich habe mich entschuldigt und ihr erklärt, dass ich mit meinem Verhalten ein schlechtes Beispiel als Christ war."

Es ist egal, ob du eine Beziehung abbrichst oder sie neu ausrichtest, entschuldige dich beim anderen und betone deinen Wunsch, ihn zu ehren und Gott zu gefallen. Wenn du deinem Partner Unrecht getan hast, dann gib es zu und bitte um Verzeihung. Fang nicht an, dich zu rechtfertigen oder Ausflüchte zu suchen. Entschuldige dich einfach.

2. Mach deine Eltern zu deinen Team-Mitgliedern

Zwei Dinge sind notwendig, wenn du die neue Sichtweise bezüglich Beziehungen auch ausleben willst: Weisheit und Verantwortlichkeit. Im Idealfall können dir deine Eltern helfen. (Ich weiß, nicht jeder hat das Glück und kann von einem „gesunden" Elternhaus profitieren. Trotzdem denke ich, dass du wertvolle Lebenserfahrungen von dem Elternteil oder der Erziehungsperson erhalten kannst, der du am meisten vertraust.)

Warum bin ich der Meinung, dass wir uns bei diesen Dingen an unsere Eltern wenden sollen? Weil ich selber schon mal Mist gebaut habe, nur weil ich *nicht* auf meine Eltern hören wollte. Meine Lovestorys während der Highschool-Zeit verheimlichte ich ihnen total. Ich erzählte meinen Eltern kein Sterbenswörtchen, wenn ich in jemanden verknallt war. Ich hatte Angst, dass sie sich dann einmischen und mir alles vermiesen. Das war ein großer Fehler! Indem ich meinen Eltern nichts von meinem Liebesleben verriet, habe ich mich um ihren Rat und ihre Hilfe gebracht, die mich vor vielen Fehlern hätten bewahren können.

Ich habe in den letzten Jahren gelernt, meinen Eltern offen und ehrlich von meinen Gefühlseskapaden zu berichten. Dabei habe ich eine grandiose Entdeckung gemacht: Meine Mam und mein Paps verstehen mich! Es erleichtert mich, wenn ich ihnen erzählen kann, was ich gerade durchmache. Diese Unterhaltungen sind gar nicht beschämend, sondern laufen ganz locker ab. Ich gehe einfach zu ihnen und sage: „Ich habe gerade an Soundso gedacht. Was haltet ihr eigentlich von ihr?" Oder: „Diese Person bringt meine Hormone völlig durcheinander! Was soll ich bloß machen? Könnt ihr mir helfen?"

Wenn ich meine Eltern offen an meinen Gedanken und Gefühlen teilhaben lasse, können sie mich an meine Prinzipien erinnern (ein hübsches Mädchen wirft mich nämlich erschreckend schnell aus der Bahn!) und mich mit Ratschlägen und Gebeten unterstützen. Das geht aber nur, wenn ich sie mit einbeziehe und auf ihre Erfahrungen höre. Mir hat das schon oft enorm geholfen, und ich denke, bei dir wäre es nicht anders. Ich will dir Mut machen, deine Eltern zu deinen Mitstreitern zu machen.

WENN DIE ELTERN NICHT DA SIND. Nicht alle haben die Möglichkeit, ihre Eltern auf diese Art mit einzubeziehen. Vielleicht sind deine Eltern geschieden, nicht gläubig, wollen davon nichts wissen, oder du wohnst auch gar nicht mehr zu Hause.

Trifft bei dir eine dieser Situationen zu, verrate ich dir etwas: Gott steht dir als Vater liebend gern bei allem zur Seite! Er hilft dir durch den Heiligen Geist und durch andere Christen aus deiner Kirche. Wenn du jemanden brauchst, der dir durchdachte Ratschläge gibt und mit dem du über deine Beziehungen reden kannst, bitte Gott, dir dafür die richtige Person zu zeigen. Wenn du denjenigen dann wirklich triffst, lass ihn an deinem Leben teilhaben und denk über seine Ratschläge nach. Bist du in keiner Kirche, lass dich dazu ermuntern, eine zu suchen, um dort einen älteren Mann oder eine ältere Frau zu bitten, die Rolle des „Adoptivaters" oder der „Adoptivmutter" zu übernehmen, solange du dich durch den Dschungel der Gefühle schlägst.

Zögere nicht, egal, wie es bei dir aussieht. Bilde ein Team, das dir hilft, auf dem geraden Weg zu bleiben.

3. Zieh schützende Grenzen

Nachdem du ein Team gegründet hast, solltest du für deine Freundschaften mit den ADAGs konsequente Richtlinien und Grenzen festsetzen. Besprich mit deinen Eltern (oder deinem „Wahlmentor") Dinge wie: „Wo sollte ich mich besser nicht mit meiner neuen Flamme treffen? Wann und warum könnte es zu verfrühten, intimen Zärtlichkeiten kommen?" Spielt einige Situationen gedanklich durch. Wie reagierst du, wenn sich jemand in dich verknallt oder andersrum? Wie viel Zeit kannst du mit jemandem vom anderen Geschlecht am Telefon verbringen? Wie viel Zeit solltet ihr überhaupt miteinander verbringen?

Solche Grenzen machen es dir in den entsprechenden Situationen leichter, sicher und selbstbewusst zu reagieren. Ich habe mir vorgenommen, Gelegenheiten zu vermeiden, die zu Versuchungen führen könnten. Eine dieser Beschränkungen ist bei mir, dass ich nicht mit einem Mädchen alleine in einem Haus bin. Wenn ein Mädchen mich anruft und zu sich nach Hause einlädt, dann nebenbei erklärt, ihre Eltern seien übers Wochenende nicht da, ist die Sache für mich klar – ich werde die Einladung nicht annehmen, und zwar nicht, weil sie nicht verlockend wäre, sondern gerade deswegen! Sicher gilt das nicht für jeden, aber ich kenne mich und meine Schwächen inzwischen gut genug, um zu wissen, dass diese Regelung für mich richtig ist.

Starre Verhaltensregeln allein würden unsere Herzenshaltung nicht ändern, aber wenn wir eine neue Sichtweise haben, können sie uns helfen, auf Kurs zu bleiben.

4. Trau, schau, wem!

Zum Schluss empfehle ich dir, einmal darauf zu achten, wie, wo und von wem du beeinflusst wirst, auf wen oder was du hörst, was du liest und was du anschaust. All das kann dich entweder ermutigen oder davon abbringen, deine Beziehungen nach Gottes Vorstellungen zu leben.

Ich erinnere mich an ein Mädchen in meiner Gemeinde. Sie fühlte sich immer unglücklich, wenn sie einen Liebesfilm gesehen hatte. „Ich frage mich dann jedes Mal: ‚Warum passiert mir das nicht mal?'"

Verursacht irgendetwas in deinem Leben eine solche Unzufriedenheit? Wenn ja, solltest du die Finger von diesen Dingen lassen, eventuell aufhören, Liebesgeschichten zu lesen und dir romantische Filme reinzuziehen, denn sie lassen natürlich gewisse Wünsche in dir hochkommen. Schalte das Radio ab, wenn in der Musik eine verzerrte Vorstellung von Liebe verherrlicht wird. Es wäre auch gut, einige deiner Lieblingsserien im Fernsehen einfach mal auszulassen, wenn sie sich über deine Einstellung zum Sex lustig machen. Alles, was dich auch nur im Geringsten unruhig macht oder dich in Gefahr bringt, solltest du wie die Pest meiden. Leg es weg, schalt es aus.

Vielleicht stellst du fest, dass das Gleiche für einige deiner Freunde gilt, für die Beziehungskisten eine Art Volkssport sind. Ich sage nicht, dass du diese Freunde fallen lassen sollst, weil sie dir immer wieder einreden, diese Spielchen doch auch zu genießen. Ich denke aber, du solltest dir darüber im Klaren sein, wie sehr sie deine Gedanken beeinflussen. Stell dir folgende Fragen: Haben diese Freunde einen negativen Einfluss auf mich? Kann ich einen positiven Einfluss auf sie haben, ohne von meinen Überzeugungen abzukommen? Die Antwort könnte heißen, mit einigen Leuten weniger Zeit zu verbringen oder sich mit ihnen woanders zu treffen. Bete für diese Freunde und liebe sie, aber achte auf den Einfluss, den sie auf dich haben. Bitte Gott, dir außerdem Freunde zu schenken, die deine Einstellungen und Überzeugungen teilen.

Leben live

Pastor A. W. Tozer hielt sonntags mal eine Predigt, die den meisten unter die Haut ging. Ein Zuhörer meinte später, hätte Tozer es darauf angelegt, wäre der Altarbereich mit einer weinenden Menge überschwemmt worden. Aber Tozer wollte keine hochgeschaukelten Emotionen. Er machte keinen Aufruf, sondern befahl der Versammlung: „Kommt jetzt nicht nach vorne und brecht in Tränen aus – geht nach Hause und *lebt* es!"

Tozers Anweisung passt perfekt zu unserem Thema. Obwohl sie auf den ersten Blick wahrscheinlich ziemlich schwierig aussehen, sind die vier Schritte, die wir in diesem Kapitel behandelt haben, ein entscheidendes Element für eine neue Lebensweise. Sie werden uns nicht nur helfen, am Anfang stark zu sein, sondern viel wichtiger, sie werden uns helfen, durchzuhalten – „nach Hause zu gehen und es zu leben."

 Unser erster Schritt kann sein, Beziehungen, die vom richtigen Weg abgekommen sind, wieder neu zu ordnen oder andere, von denen wir wissen, dass sie falsch sind, zu beenden. Um das Gute von Gott zu bekommen, das er für uns auf Lager hat, wollen wir von alten Sünden und Fehlern ablassen. Wir brauchen außerdem ein Team – Eltern oder andere gläubige Personen –, dem wir immer wieder Rechenschaft ablegen können und wollen und das uns ermutigt. Sei nicht zu stolz, ihre Korrektur oder Tipps anzunehmen. Und gib zu, dass du schützende Schranken brauchst, die dich vor Versuchungen und Risiken bewahren. Lass uns zum Schluss ehrlich den Einfluss betrachten von dem, was wir anschauen, was wir hören und mit wem wir rumhängen.

Klar, es gibt noch viele offene Fragen. Wie können wir mit Personen vom anderen Geschlecht befreundet sein, ohne uns gleich zu verlieben? Was tun, wenn wir uns zu jemandem hingezogen fühlen oder derjenige uns fast den Verstand raubt? Wie können wir unsere Einstellung, nichts „Festes" einzugehen, gegenüber Andersdenkenden plausibel machen?

Diese und andere Punkte sind in den nächsten Kapiteln dran.

9. Just Friends

Keine Chance für Beziehungsstress

Du triffst jemanden vom anderen Geschlecht. Er oder sie zieht deine ganze Aufmerksamkeit auf sich.

Oh-oh.

Dann lernst du diese Person auch noch näher kennen und entdeckst, dass derjenige einfach einen tollen Charakter hat.

Doppeltes Oh-oh.

Die Krönung kommt noch, denn diese Person lässt dich spüren: „Ich bin an dir interessiert."

Mega-Oh-oh!

Du hast dich entschieden, mit einer festen Kiste zu warten, bis du bereit bist zu heiraten – was tust du in solchen Momenten? Du willst dich nicht auf Beziehungsspielchen einlassen. Was jetzt?

Die Antwort ist simpel: Seid einfach erst mal nur befreundet. Klingt easy, was? Na ja, nicht ganz. Vielleicht hätten wir mit diesem Szenarium keine Schwierigkeiten, wenn Gott uns ohne Herz, ohne Gefühle und immun gegen jegliche Reize geschaffen hätte. Hat er aber nicht! Die meisten von uns kämpfen in diesem verwirrenden Spiel mit allen drei Punkten. Es gilt, einen gesunden und gangbaren Mittelweg zu finden zwischen zwei extremen Möglichkeiten: Sich Hals über Kopf in eine Beziehung stürzen, sobald jemand ganz nett wirkt, oder die Beine in die Hand nehmen und grundsätzlich vor dem anderen Geschlecht flüchten. Einen Mittelweg zu finden ist ganz schön schwer. Es kann leicht zu einem gefährlichen Seiltanz über einer klaffenden Schlucht kommen.

Völlige Verwirrung

Wenn man zunächst mal versucht, nur „gute Freunde" zu sein, ist das besonders verwirrend. Und schon überhaupt, wenn einem der oder die andere auch noch so richtig gut gefällt. Ehrlich gesagt bin ich da auch ein bisschen verloren. Mein Temperament zu bändigen fällt mir gar nicht leicht. Selbst wenn ich mit einem Mädchen wirklich nur platonisch befreundet sein will, habe ich Mühe zu verhindern, dass mehr daraus wird.

Wo ist die eindeutige Trennlinie zwischen „nur befreundet sein" und „zusammen sein"? Ich erinnere mich immer wieder an eine Werbesendung, die ich als Kind gesehen habe. Ein kleiner Junge mit einem Lutscher wird von der kniffligen Frage geplagt: „Wie oft muss ich an ihm lecken, bis ich endlich den Kaugummi in der Mitte kriege?"

Er erkundigt sich bei ein paar Tieren im Wald, aber keins kann die Frage beantworten. Sie schicken ihn zur Eule. Die Eule muss es wissen, denn Eulen sind bekanntlich schlau.

Der Junge stellt also der Eule, die ziemlich arrogant auf ihrem Ast sitzt, seine Frage: „Wie oft muss ich an dem Lutscher lecken, bis ich endlich an den Kaugummi komme?"

Die Eule nimmt den Lutscher, entfernt das Papier und leckt. Sie leckt einmal. „Eins", zählt sie.

Sie leckt erneut. „Zwei", sagt sie.

Sie leckt wieder. „Drei."

Dann plötzlich – knirsch! Sie beißt fest in den Lutscher. Dann gibt sie dem kleinen Jungen den leeren Stiel zurück und sagt: „Dreimal."

Die Eule machte mich damals total wütend. Ich hatte Mitleid mit dem Jungen, und zwar nicht mal so sehr wegen des verlorenen Lutschers, sondern weil er immer noch keine ehrliche Antwort auf seine Frage bekommen hatte.

Ich fühle mich häufig wie dieser kleine Junge, wenn ich an Freundschaften mit Mädchen denke. Ich will nicht bis zum Kaugummi, dem „klebrigen" Teil von Beziehungen vordringen – ich will nur ein guter Freund sein. Aber ich bin mir manchmal nicht sicher, wie viel Aufmerksamkeit sich ein Junge und ein Mädchen schenken können, bis man – knirsch – die Trennlinie zwischen „Freundschaft" und „mehr" überschritten hat.

Ich mache mir hier keine Sorgen, weil ich Angst vor der Liebe habe. Im Gegenteil, ich freue mich darauf, eines Tages ein Mädchen (beziehungsweise dann ja eher eine Frau!) so richtig zu lieben und sie zu verwöhnen. Aber ich will nichts weniger als eine 100%-Beziehung, und deshalb bin ich der festen Überzeugung, dass es richtig ist, sich nicht vorschnell auf halbe Sachen einzulassen.

Aber manchmal macht es bei meinen Freundschaften trotzdem „knirsch." Hast du schon mal erlebt, dass eine Freundschaft umkippte und plötzlich heftige Gefühle im Spiel waren? Wenn ja, dann weißt du, wie schwierig es ist, so was zu vermeiden. In einem Moment seid ihr noch einfach tolle Kumpels, und im nächsten schlägt dein Herz auf einmal schneller, wenn du an die Person denkst. In Tagträumen grübelst du, wann du das nächste Mal Zeit mit ihr oder ihm verbringen kannst. Oder du bist mit einer Gruppe von Leuten unterwegs, und wenn diese bestimmte Person mit jemand anderem redet, fühlst du ... Eifersucht? Besitzansprüche?

Du versuchst es dir auszureden: „Wieso trifft mich das? Wir sind doch bloß gute Freunde. Wir sind doch nur Geschwister." Aber du kannst sagen, was du willst – tief in dir drin weißt du, dass es „knirsch" gemacht hat.

Alles Liebe, Deine Chelsea . . .

Zu meinem eigenen Entsetzen habe ich einen ganzen Ordner voller „Knirsch!"-Geschichten – Freundschaften mit Mädchen, die komplizierter wurden und manchmal kaputtgingen, weil es mehr wurde. Ich erzähle ein Beispiel, das zeigt, wie sich das „Knirschen" entwickeln kann.

Mit siebzehn trennten sich meine damalige Freundin und ich. Wir waren zwei Jahre lang zusammen gewesen. Kelly war (und ist) einfach eine supertolle Person, aber es lief in unserem Zusammensein einiges schief, das ich immer noch bedaure. Und jetzt hatte ich die Gelegenheit, mit meiner ganzen Beziehungsphilosophie nochmal von vorn anzufangen. Ich war fest entschlossen, aus den Fehlern der Vergangenheit zu lernen. Mein Plan war ganz einfach: Bis die Richtige auftauchen würde und ich reif für eine Ehe wäre, würde ich mit Mädchen nur reine Kumpelfreundschaften pflegen.

Leichter gesagt als getan.

Meine guten Absichten stimmten, aber meine Vorstellungen von Freundschaften zwischen Jungen und Mädchen waren naiv. Ich dachte damals, nur befreundet zu sein heißt halt, sich nicht zu küssen und nicht offiziell mit jemandem zusammen zu sein.

Ich musste noch eine Menge lernen!

In der Folgezeit ging ich also ganz unschuldig auf Mädchen zu. Schon bald hatte ich die Gelegenheit, meinen Vorsatz auf die Probe zu stellen. In den Sommerferien vor meinem letzten Jahr an der Highschool lernte ich Chelsea kennen. Sie nahm, ebenso wie ich, an einem Leiterschaftsseminar teil, und wir trafen uns zufällig zwischen zwei Seminareinheiten. Sie hatte braune Haare, eine lebenslustige Ausstrahlung und nahm ihren Glauben sehr ernst. Sie stammte aus einer intakten Familie und war sportlich und abenteuerlustig. Bei uns beiden war es „Sympathie" auf den ersten Blick.

Während des Seminars lernten wir uns besser kennen. Wir quatschten in der Warteschlange fürs Mittagessen, spielten zusammen Tennis, und langam kamen wir uns näher. Während einer Wanderung mit anderen Teilnehmern erzählte sie mir von sich und der kleinen Stadt, in der ihr Vater als Anwalt arbeitete. Ich plauderte über mein Zuhause und war glücklich, endlich ein Mädchen gefunden zu haben, mit der ich „gefahrlos" Zeit verbringen konnte, ohne gleich kleben zu bleiben.

Leider war mein Vorsatz weniger stark als die Gewohnheit, mit Mädchen umzugehen. Ich fühlte mich zu Chelsea hingezogen. Anstatt mit unserer wachsenden Freundschaft zufrieden zu sein und unsere Treffen auf die Gruppe zu beschränken, lud ich sie zum Essen in ein Restaurant ein. Sie sagte zu, und am vorletzten Seminartag fuhren wir mit dem Bus nach Colorado Springs. Nach dem Essen schlenderten wir durch die Stadt, und in einem Laden kauften wir uns Ketten, die uns aneinander erinnern sollten.

Diese Verabredung war Fehler Nummer eins. Ein gemeinsames Essen ist an sich keine große Sache, aber damit signalisierte ich mein besonderes Interesse an Chelsea und drückte uns den „Wir-sind-ein-potenzielles-Pärchen"-Stempel auf. Meine Einladung führte dazu, dass wir die Grenze des „nur Befreundetseins" ganz heimlich, still und leise überschritten.

Aber damals sah ich das nicht so. Ich war eher stolz auf mich. Außerdem konnte man uns nichts vorwerfen – mehr als Händchenhalten lief nicht. Als „reife" Jugendliche standen wir über der teeniemäßigen Versuchung, auf einer Freizeit was anzufangen, um dann gleich wieder Schluss zu machen. Wir redeten uns und den anderen Teilnehmern ein, dass wir nur gute Freunde wären.

Die Wahrheit war aber, dass ich mehr wollte! Ich wollte dieses Kribbeln im Bauch spüren und die Gewissheit haben, dass sie etwas für mich empfand. Am nächsten Tag schrieb ich Chelsea, ich könne nicht ertragen, dass das Ende des Seminars auch das Ende für unsere Freundschaft wäre. Könnten wir nicht weiterhin in Kontakt bleiben, auch über die Entfernung? Sie war einverstanden.

Das war Fehler Nummer zwei. Natürlich, Briefe schreiben ist eine schöne Sache. Ich stand mit mehreren Leuten aus diesem Seminar, Jungen und Mädchen, brieflich in Verbindung. Über mehrere Monate hinweg schrieben Chelsea und ich uns fast täglich. Das kostete nicht nur ein kleines Vermögen an Briefmarken, es grenzte schon fast an eine Sucht. Wenn ich nicht gerade an Chelsea schrieb oder ihre Briefe in mich aufsaugte, dachte ich an sie oder sprach über sie.

Für jede klar denkende Person waren wir eindeutig mehr als nur „gute Freunde". Obwohl wir unter jeden Brief „in ewiger Freundschaft" schrieben, war klar, dass wir beide an mehr dachten. Zahlreiche: „Ich vermisse Dich"s und „Ich kann nicht aufhören, an Dich zu denken"s füllten unsere Briefe. Einmal schrieb Chelsea in fetten Buchstaben über die ganze Seite „Ich liebe Dich wie einen Bruder".

Nur Freunde? Na klar, ganz bestimmt!

Wenn ich jetzt zurückblicke, bin ich ganz fassungslos über meine naiven Rechtfertigungen. „Was soll denn daran falsch sein?", redete ich mir ein. „Wir wohnen mehrere tausend Kilometer voneinander entfernt, haben uns nie geküsst und auch sonst nichts angestellt!" Ich habe nicht gerafft, dass man nicht nebeneinander wohnen muss, um sich zu verlieben. Auch muss man nicht fest zusammen sein, um die Grenzen von platonischer Freundschaft zu überschreiten – das Postwesen erlaubt uns das trotz der räumlichen Entfernung.

Unsere Freundschaft hatte kein schönes Ende. Das Ganze wurde ernster. Wir besuchten uns gegenseitig. Aber schließlich bemerkten wir, dass wir weniger Gemeinsamkeiten hatten, als wir vorher angenommen hatten. Durch die rosarote Brille hatten wir nicht gesehen, dass wir eigentlich recht unterschiedlich waren.

Als Chelsea sich mit einem anderen Typen anfreundete, wurde ich eifersüchtig. Wir waren nicht in der Lage, unsere „Freundschaft" objektiv zu betrachten. Wir verletzten gegenseitig unsere Gefühle, bis schließlich unser

Briefkontakt (wie auch unsere Freundschaft) einschlief – zurück blieben zwar nicht gebrochene, aber doch angekratzte Herzen.

Ich befand mich plötzlich in genau der Situation, die ich eigentlich ganz entschieden hatte vermeiden wollen. Wie kam es dazu? Wann übertraten wir die Trennlinie von „nur Freunde" zu „mehr"? Könnte ich jemals mit einem Mädchen, das mir gefällt, nur kumpelmäßig befreundet sein, oder ist das ganz und gar unmöglich?

Freundschaften bringen was

Obwohl einige meiner Versuche auf dem schmalen Grad zwischen platonischer Freundschaft mit Mädchen und „mehr" scheiterten, bin ich davon überzeugt, dass sich Jungen und Mädchen auf der Kumpelbasis gegenseitig unheimlich weiterhelfen können. Das ist sogar extrem wichtig. Der Apostel Paulus gibt dem jüngeren Timotheus die Anweisung, jüngere Frauen „wie Schwestern, in aller Zurückhaltung" (Timotheus 5,3) zu behandeln. Paulus wusste, dass Timotheus es täglich mit Frauen zu tun hatte, und deshalb ermahnte er ihn, sie nicht grundsätzlich zu meiden, sondern eine klare, saubere Einstellung zu haben. Für uns gilt das Gleiche.

Junge-Mädchen-Freundschaften können sauber, inspirierend und bereichernd sein. Ich habe von Mädchen schon einige Dinge gelernt, auf die ich mit meinem engstirnigen männlichen Standpunkt nicht gekommen wäre. Ich erinnere mich daran, einmal von einer guten Freundin eine Liste mit ihren Lieblingsbibelversen bekommen zu haben. Als ich mich dranmachte, sie zu lesen, bemerkte ich erst, wie einseitig meine eigene Liste war. Meine Verse handelten alle davon, wie man Versuchungen besiegen kann und Schwächen vertreibt. Ihre sprachen von Gottvertrauen, Dienen und Barmherzigkeit. Obwohl sie es nie erfahren hat, halfen mir ihre Verse, mein Verständnis von Gott auszubalancieren.

Vielleicht hast du ähnlich wertvolle Erkenntnisse aus Freundschaften mit dem anderen Geschlecht gewonnen. Sie können uns helfen, das Leben aus einer ganz anderen Perspektive zu sehen. Wir haben durch sie die Chance, geistig herausgefordert zu werden und zu wachsen. Und sie helfen uns auch einfach zum besseren Verständnis der anderen „Liga" – was uns für unsere spätere Ehe nur nützlich sein kann!

Missbrauch von eigentlich harmlosen Dingen

Während wir einerseits von den Vorteilen der zwischengeschlechtlichen Freundschaften profitieren könnten, sollten wir andererseits die notwendigen Grenzen beachten. Etwas Gutes zu genießen ist o.k. Schokolade zu naschen ist in Ordnung, verschlingst du aber eine Tafel nach der anderen, sieht dein Gesicht wahrscheinlich bald aus wie ein Streuselkuchen. Da sind Freundschaften mit den ADAGs keine Ausnahme. Egal, wie schön und harmlos etwas ist – wenn wir über die Grenzen hinaus schießen, schaden wir uns und anderen. König Salomo hat hier einen schönen Vergleich: „Hast du Honig gefunden, iss nur deinen Bedarf, damit du ihn nicht satt wirst und ihn ausspeist" (Sprichwörter 25,16).

Nur weil etwas schön und erstrebenswert ist, bedeutet das nicht, dass wir uns damit vollstopfen bis zum Abwinken. Gesunde Freundschaften erfordern wie eine maßvolle „Ernährung" Selbstdisziplin und Zurückhaltung.

Lass uns drei wichtige Punkte anschauen, die uns helfen, gesunde Freundschaften mit dem anderen Geschlecht zu bewahren.

1. *Den Unterschied zwischen Freundschaft und Beziehung verstehen*
Es fällt uns leichter, die schwierige Linie zwischen „nur Freundschaft" und „mehr" klar zu erkennen, wenn wir die Unterschiede verstehen.

In einer Freundschaft dreht sich alles um eine oder mehrere Dinge, z. B. Hobbys, die zwei Menschen miteinander verbinden. In einer Beziehung dagegen sind die Personen der Mittelpunkt. C. S. Lewis schreibt: „Verliebte stehen einander gegenüber – sehen sich an. Freunde stehen nebeneinander – sie schauen nach vorn."

Der Kern einer Freundschaft ist das gemeinsame Ziel, zum Beispiel Sport, gemeinsame Interessen, der Glaube, Musik usw., also etwas Außenstehendes. Sobald sich zwei Personen aber einander zuwenden und sich nur noch füreinander interessieren, haben sie die Grenze der „nur Freundschaft" überschritten.

Kannst du sehen, wie das in meiner Geschichte mit Chelsea ablief? Am Anfang bestand ein gemeinsames Interesse am Seminar. Wir hatten beide Hobbys wie Tennis und Klavierspielen. Unser Zusammensein bezog sich auf etwas *Außenstehendes,* und wir blieben innerhalb der Grenzen einer normalen Freundschaft.

Über die große Entfernung konnten wir unsere gemeinsamen Interessen nicht mehr teilen, also war jetzt eindeutig das Interesse *aneinander* der alleinige Grund, diese Freundschaft zu erhalten. Bei einer reinen Freundschaft hätten wir wissen müssen, dass die geografischen Bedingungen ein Hindernis waren. Wir hätten erkennen müssen, dass die Sache, die uns zusammenhielt, mehr als bloße Sympathie war.

Aber wir gaben das nicht zu. Unsere Brieffreundschaft konzentrierte sich nicht mehr auf unsere gemeinsamen Hobbys und Interessen, sondern auf *uns* als Pärchen.

Der Hauptgrund, warum so viele Freundschaften zwischen Jungen und Mädchen diese Trennlinie überschreiten, ist, dass die Betroffenen den Unterschied zwischen „nur Befreundetsein" und „mehr" nicht kennen. Wir verdrehen die beiden Kategorien viel zu oft. Ich wollte mit Chelsea nur eine Freundschaft – behauptete ich. In Wahrheit wollte ich mehr, nämlich jemanden, der sich um mich kümmerte und mich liebte. Mein Verhalten verriet meine wahren Wünsche: Ich wollte das Kribbeln, den Kick und die Spannung des Verliebtseins.

Sind diese Wünsche falsch? Nein, aber der Zeitpunkt war schlecht. Ich sage nicht, dass wir solchen Gefühlen und dem Wunsch nach Nähe aus dem Weg gehen sollten, schließlich ist all das eine tolle Sache. Aber nimm es nicht auf die leichte Schulter: So viel Nähe (die immer Verletzbarkeit und Risiko in sich trägt) ist für uns erst dran, wenn wir uns vorher verpflichtet haben, Verantwortung zu übernehmen. Wenn wir Gott mit und in unseren Beziehungen zu anderen Menschen ehren wollen, warten wir mit dieser Nähe, bis die Zeit reif ist.

Erinnerst du dich an mein Beispiel im zweiten Kapitel? Intimität ohne eine vorherige Verpflichtung ist wie die Kletterpartie, bei der sich der Partner nicht sicher ist, ob er dich überhaupt sichern will. Der Einwand, den du in 2000 Metern Höhe bestimmt nicht hören willst, ist, dass sich dein Partner bedrängt und unfrei fühlt.

Aber genau so selbstsüchtig habe ich mich bei Chelsea verhalten. Ich wollte den Kitzel des Verknalltsein, war jedoch nicht bereit, eine Verpflichtung einzugehen. Hätte ich mit Chelsea also sofort vor den Altar rennen müssen? Nein, das heißt in allererster Linie nur, dass ich keine „grenzüberschreitende" engere Beziehung mit ihr hätte beginnen sollen.

2. Andere einbeziehen, statt sie auszuschließen

Der zweite Schritt für funktionierende saubere Freundschaften ist, dass wir andere Leute einbeziehen, anstatt uns von ihnen abzugrenzen. Wir müssen uns von dem Wunschgedanken lösen, mit der anderen Person möglichst viel allein zu sein. Das können wir tun, indem wir andere Freunde, Familienmitglieder, vielleicht sogar Fremde miteinschließen.

Bitte glaub nicht, dass ich damit meine, eine Anstandsdame oder ein Aufpasser muss her, nur damit man zusammen weggehen kann. Ich kenne einige Pärchen, die schleppen den kleinen Bruder oder die kleine Schwester mit, um ihr Zusammensein als „Gruppentreffen" zu tarnen. In meiner Bibelschule gab es die Regel, dass man nur in „Dreiereinheiten" ausgehen durfte. Befeundete Pärchen luden mich daraufhin ein, etwas mit ihnen zu unternehmen, nur weil ihnen die dritte „Quotenperson" fehlte. Nein, danke! Wie fühlt man sich denn da als lästiger Dritter? Man hätte die kleinen Geschwister oder den Dritten ebenso gut gefesselt und geknebelt in den Kofferraum stecken können – Hauptsache, es ist halt irgendwie einer anwesend!

Ich meine mit „einbeziehen" nicht, dass einfach noch jemand dabei ist. Nein, der Wunsch mit anderen Leuten etwas zu unternehmen, sollte ehrlich sein. Wir treten gar nicht erst als Paar auf, sondern haben von Anfang an ein gemeinsames Ziel vor Augen: Eine gemeinsame Clique, eine Jugendgruppe ober andere Veranstaltungen, wo verschiedene Menschen mit einbezogen sind.

Wenn wir ehrlich mit uns selbst sind und dann feststellen, dass wir eigentlich viel lieber in trauter Zweisamkeit wären, müssen wir unsere Motivation hinterfragen.

3. Etwas unternehmen statt unterhalten zu werden

Kurt Cobain, der Sänger der Kult-Band Nirvana (er beging mit Ende zwanzig Selbstmord), brachte die Einstellung der heutigen Gesellschaft in einem Lied auf den Punkt: „Hier bin ich ... ich will Spaß." Viele, leider auch Christen, haben diese Aussage zum Motto ihrer Freundschaften gemacht.

Meiner Meinung nach ist solches Genussdenken nur ein Ausdruck von Egoismus. Vergnügungssucht zielt nicht darauf ab, den anderen Gutes zu tun, es geht nur darum, sich selbst zu amüsieren. Eine Freundschaft, die auf einer selbstsüchtigen, vergnügungsgesteuerten Einstellung basiert, kann leicht zu einer genauso egoistischen Beziehung führen, die nur die aktuellen Bedürfnisse befriedigen soll.

Wir müssen unsere Beziehungen neu orientieren: Hör auf, nur dem Vergnügen hinterherzulaufen! Widme deinen Freunden mehr Zeit! Anstatt dass wir uns nur auf uns selbst konzentrieren, müssen die anderen wieder einen viel höheren Stellenwert bei uns bekommen. Dazu kommt der Knackpunkt: Wenn wir uns um andere kümmern, entstehen echte Freundschaften.

 Warte einen Moment und denk mal darüber nach. Was lernst du über jemanden, wenn ihr nebeneinander im Kino sitzt? Und was erfährst du von jemandem, mit dem du zusammen etwas in der Kirche erarbeitest? Schau nicht immer nur auf dich, interessier dich für andere! Es gibt nichts Erfüllenderes als tiefe, echte Freundschaften – wenn zwei (oder mehr!) Leute zusammen auf ein gemeinsames, erstrebenswertes Ziel hinsteuern.

Ich finde ganz sicher nicht, dass wir nie einfach mal Fun haben dürfen. Aber ich denke, unsere Priorität sollte sein, für andere da zu sein. Zum Beispiel Suppe an Obdachlose auszuteilen, anstatt zu Hause stundenlang vor der Glotze zu hocken. Organisier eine Gruppe von Freunden, um den Kids in eurem Block, die nachmittags auf der Straße rumhängen, eine coole Anlaufstelle zu bieten, statt den Pastor zu bitten, mit euch einen Ausflug in den Freizeitpark zu machen. Üb mit deiner eigenen Band in der Garage, bevor ihr wieder irgendein Konzert besucht oder euch eine neue CD kauft. Stell selber was auf die Beine, anstatt nur zu konsumieren. Unterstütz andere, anstatt unterhalten zu werden. Werde aktiv statt passiv!

Vielleicht wird dann eines Tages aus dem Motto: „Hier bin ich … ich will Spaß" der Leitsatz: „Hier bin ich … wie kann ich helfen?"

Geschwisterliebe

Einfach nur befreundet sein geschieht nicht zufällig. Wir müssen uns für unsere Freundschaften einsetzen. Männlein und Weiblein ziehen sich nun mal magnetisch an.

Aber bis wir bereit sind, an einer Person für den Rest unseres Lebens „hängenzubleiben", sollten wir verfrühte Kaugummifäden zum anderen Geschlecht vermeiden. Wie ist das drin? Indem wir die Grenzen von sauberen Freundschaften respektieren und den anderen so behandeln, wie Gott es uns vorgegeben hat.

In Römer 12,10 können wir nachlesen: „Seid einander in brüderlicher Liebe zugetan, übertrefft euch in gegenseitiger Achtung! Lasst nicht nach in eurem Eifer, lasst euch vom Geist entflammen und dient dem Herrn."

Wie stehen wir zueinander? Wir sind Brüder und Schwestern im Herrn.

Wie sollen wir den anderen behandeln? Mit Achtung.

Und was ist das Geheimnis unseres Eifers? Unsere Bereitschaft, zusammen Gott zu dienen.

Wenn das unsere Grundhaltung wird, ist „nur Freunde sein" absolut genial.

10. Pass auf dein Herz auf!

Wie gehe ich mit meinen Sehnsüchten und Wünschen um?

Emily räkelte sich faul auf dem Bett und beobachtete Jessica beim Packen. „Ich wette, ich weiß, was passiert, wenn du im College ankommst", sagte sie plötzlich.

„Ach ja?", antwortete Jessica verwirrt. Sie war bemüht, etwas Ordnung in das Chaos zu bringen. Überall lagen Klamotten, Schuhe und Schminkzeug.

„Jaaa, ehrlich", meinte Emily und warf ein Paar Socken nach Jessica. „Du kommst dort an, triffst einen netten Typen und verknallst dich. Und dann kommst du auf Knien angekrochen, um mich um Vergebung zu bitten für die vielen unnötigen Diskussionen über Beziehungen, die du mir aufgedrückt hast – weil ich nämlich doch recht hatte. Oh, ich kann es kaum erwarten, dass du einen Freund hast!"

Hätte das irgendjemand gesagt, wäre Jessica stinkig gewesen. Aber da es von ihrer Freundin kam, die sie selbst schon oft genug auf die Palme gebracht hatte, lächelte sie nur.

„Emily, ich hab dir doch schon hundertmal erklärt: Es ist nicht so, dass ich mich nicht verlieben *will*", erwiderte Jessica und stopfte noch ein Paar Jeans in ihren Koffer. „Ich habe einfach keine Lust auf dieses Spiel, sinnlosen Beziehungen hinterherzulaufen . . . wie gewisse andere Leute."

Emily reagierte nicht auf Jessicas Stichelei: „Wart's ab!"

Wenn die Spielregeln nicht passen

Sieben Monate später saß Jessica in ihrem Zimmer und beobachtete durchs Fenster ein Eichhörnchen, das über den Parkplatz hüpfte. Es war einer dieser seltenen Nachmittage, an denen es ruhig genug war, um ein bisschen nachzudenken. „Vielleicht hatte Emily recht", grübelte sie. Seit sie am College war, stand die Welt für sie kopf. Ihre Idealvorstellung von Liebe und Flirten schien völlig veraltet. Bei ihrer Ankunft war sie sich ihrer Sache so sicher gewesen; jetzt wusste sie nicht mehr, was sie glauben sollte.

In der kleinen Stadt, in der sie aufgewachsen war, gab es nur wenige christliche Jungs, so dass für sie feste Beziehungen gar nicht in Frage kamen. Sie hatte genug Spaß mit ihren Freundinnen. Außerdem war sie mit Hausaufgaben und Volleyball völlig ausgelastet. Während ihres ersten Jahres an der Highschool hatte sie mal einen Prediger auf einer Jugendkonferenz gehört, der über die „biblische Sichtweise von Liebe" gesprochen hatte. Er hatte deutlich gemacht, dass Beziehungen oft im Widerspruch zur Bibel stehen. Jessica war überrascht gewesen, dass alles, was er sagte, Sinn machte. Sie hatte sich nie bewusst gegen eine feste Beziehung entschieden, aber jetzt ging ihr ein Licht auf, warum sie sich in „Nah dran"-Situationen oft so unwohl gefühlt hatte und dem aus dem Weg gegangen war. Sie dachte an die vielen Male, als ihre Freundinnen fix und fertig waren, weil wieder eine Beziehung geplatzt war. Hatte sie nicht erlebt, wie zerstörerisch dieses Spiel sein konnte?

Jessica fing an, nach einer „richtigen" Lösung zu suchen. Oder, wie Emily es nannte, sie startete ihre „Anti-Beziehungs-Kampagne". Sie suchte zu diesem Thema Bibelstellen, las Bücher und hörte Kassetten. Sie verbrachte viele Abende damit, mit ihren Freunden darüber zu diskutieren – auch mal heftiger –, wo die Vorzüge und wo die Fallen von frühen Beziehungen lagen.

Dann legte Jessica ihre eigenen „Beziehungsregeln"

fest. Sie war davon überzeugt, dass ihre Liste von „Tu's" und „Tu nicht's" die Beziehungsprobleme der Gesellschaft lösen könnte oder zumindest sie davon abhalten, in der Richtung schlechte Erfahrungen zu machen. Erstens gab es für sie keine flüchtigen Abenteuer und keine Antest-Beziehungen mehr. Vorerst war das Thema Beziehungen für sie tabu. Zweitens: Mit Jungen würde sie nur in einer größeren Clique weggehen. Wenn ein Junge dann später ernsthaft Interesse zeigen sollte, müsste er zuerst mit ihren Eltern sprechen. Von da an hatte sie jeden kleinsten Schritt geplant wie ein peinlich genau ausgearbeitetes Drehbuch. Gaben ihre Eltern das O. K., kriegte er grünes Licht, ihr „den Hof zu machen". Dann würden sie sich unendlich ineinander verlieben, und an ihrem Hochzeitstag würde selbstverständlich die Sonne scheinen, und sie lebten glücklich bis an . . .

Soweit war alles in Ordnung. Ziemlich schlau hatte Jessica ihre Ansprüche sehr hoch angesetzt. Ihre Regeln waren gerechtfertigt, aber an der Art, wie sie die Sache anging, fehlte etwas: Jessica war so gefühllos und sachlich wie Mister Spock aus dem Raumschiff Enterprise vorgegangen.

 Ja, ihre Regeln machten Sinn, aber es waren eben nur Regeln – sie kamen nicht aus ihrem Herzen. Aber nur Überzeugungen, die wirklich von Herzen kommen, haben eine Chance, einem Sturm von heranwehenden Emotionen standzuhalten. Denn genau das ist es, wenn man sich bis über alle Ohren verknallt. Unterschätz das nicht!

Bei Jessica stand dieser Sturm kurz bevor. Auf dem College (es war eine sehr konservative Schule, für die sie sich wegen der strengen Grundsätze entschieden hatte) stellte Jessica zu ihrem Entsetzen fest, dass ihre starren Regeln nicht halfen, um die Gefühle zu kontrollieren, die plötzlich in ihr aufstiegen. Sie hatte noch nie mit so vielen tollen christlichen Jungs zu tun gehabt. Es war nicht schwer, eine Verabredung mit Tom in seinem Metallica-

Shirt und den verfilzten Haaren abzulehnen, aber wenn Eric – sportlich, gutausehend und super gekleidet – mit ihr über die Morgenpredigt sprach und sie dabei mit seinen durchdringenden blauen Augen ansah, schmolzen alle guten Vorsätze dahin.

Und noch viel schlimmer: Man konnte keine drei Meter gehen, ohne irgendwo auf ein Pärchen zu stoßen. Sie waren einfach überall! Drei ihrer vier Mitbewohnerinnen hatten einen festen Freund und konnten nicht begreifen, dass Jessica noch immer Single war – wenn sie nicht sogar schon dafür verachtet wurde. Sie fühlte sich wie eine Nonne auf dem „Love Boat".

Innerlich beneidete Jessica ihre Zimmergenossinnen um ihre Beziehungen und fand immer mehr Gefallen an dem Gedanken, einen Freund zu haben. Wiederholt träumte sie von verschiedenen Jungen. „Was wäre, wenn einer von ihnen der Eine wäre? Was hat er *wirklich* gemeint, als er dies und das sagte? Mag er mich wohl?" Mit diesen Gedanken, die ihr durch den Kopf geisterten, wuchs ihre Sehnsucht, aber auch ihre Unzufriedenheit. Egal, was sie tat, immer dachte sie: „Wenn ich das doch nur mit irgendjemandem teilen könnte." Sie hatte mehr als genug Freundinnen und auch ein paar gute Freunde, aber sie gaben ihr nicht das, wonach sie sich sehnte.

Es wurde noch viel schlimmer, als einige Jungs mit ihr ausgehen wollten. Befand sich nicht eventuell ein potenzieller „Volltreffer" unter ihnen? Nein, eher nicht, aber einer war echt süß … Tief innen wusste Jessica, dass sie nun all das tat, was sie vorher vermeiden wollte. Aber spielte das jetzt noch eine Rolle? Ihre Ansprüche und Regeln erschienen auf einmal wertlos.

Ein Blick in unser Herz

Alles rein objektiv sehen, Gefühle ausklammern, um sich für das Richtige, Verantwortungsbewusste zu entscheiden, ist gar nicht einfach. Wie reagieren wir, wenn unsere

Gefühle total verrückt spielen? Sind wir nicht darauf vorbereitet, in solchen Momenten an unseren Überzeugungen festzuhalten, besteht die Gefahr, dass wir sie einfach über Bord schmeißen.

„Als ich zu einer jungen Frau heranreifte und mich selbst besser kennenlernte, wurde mir deutlich bewusst, dass mein Wille und meine Gefühle zwei ganz verschiedene Dinge sind", schreibt Elisabeth Elliot in ihrem Buch „Eine harte Liebe".

Je früher wir uns mit unserem Herz beschäftigen, desto besser. Viele von uns haben eine zu naive Vorstellung, wie verknotet unser Kern tatsächlich sein kann. Wenn wir an „Herz" denken, sehen wir sofort rote Papierherzchen vor uns. Dabei würden wir, wenn wir mal wirklich in unser Herz reinschauen würden, nichts als Lügen, Egoismus, Neid, Stolz und Lust auf Sex finden, um nur einiges zu nennen. Der Schreck wäre so groß, wie wenn du das Bild deiner Großmutter plötzlich auf einem Fahndungsposter des Geheimdienstes entdecken würdest.

Uns würde das ziemlich überraschen – Gott allerdings nicht. Denn er weiß über die Anfälligkeit des menschlichen Herzens Bescheid, und er weiß auch, wie leicht wir uns beeinflussen lassen und in die falsche Richtung abdriften.

Mördergrube Herz

Die Bibel warnt uns vor dem tiefen Abgrund im Herzen und gibt zahlreiche Hinweise, dass wir auf unser Herz aufpassen sollen. „Mehr als alles hüte dein Herz; denn von ihm geht das Leben aus", heißt es in Sprüche 4,23.

Aber wie soll das gehen?

Auf einen Schwerverbrecher passt man im Gefängnis ganz besonders auf, damit er nicht entkommt und wieder eine Gefahr für andere ist. Das muss auch für dein Herz gelten: Schütz dich vor dem fiesen Teil deines Herzens! Pass auf, denn es kann eine Menge Schaden anrichten, wenn du es nicht im Auge behältst.

In Jeremia 17,9 können wir lesen: „Arglistig ohnegleichen ist das Herz und unverbesserlich. Wer kann es ergründen?" Viele Leute, die es eigentlich gut meinen, raten dir: „Folge deinem Herzen!" Aber die Bibel warnt uns, dass unser Herz uns in eine falsche, sogar tödliche Richtung lenken kann. Unsere Herzen können verflixt gut lügen. Wir „empfinden" etwas vielleicht als richtig, dabei ist es absolut falsch. Erinnerst du dich an die Geschichte von Dave und Heidi und daran, wie ihre kleine Rangelei auf dem Fußboden endete?

In seinem Buch *First Things First* (wörtl. „Wichtiges zuerst") benutzt Stephen Covey ein schönes Bild, um zu verdeutlichen, welchen Einfluss unsere Gefühle auf unser Leben haben: Nimmst du eine Taschenlampe und strahlst mit ihr nachts eine Sonnenuhr an, kannst du es so arrangieren, dass sie dir jede gewünschte Zeit anzeigt. Natürlich ist die dann falsch, auch wenn sie so aussieht wie die wirkliche Anzeige!

Gefühle können unsere jeweiligen Umstände aus verschiedenen Blickwinkeln „beleuchten". Oft sagen sie uns das, was wir gerne hören möchten. Diesen Antworten kann man aber auf keinen Fall völlig vertrauen.

Julie war 19 Jahre alt und arbeitete in einer Arztpraxis. Sie war total in ihren Chef – einen verheirateten Mann – verliebt. Er erwiderte ihre Gefühle. Ihr Herz riet ihr, ihre Reize auszuspielen, auf seine Annäherungsversuche einzugehen und ihren Gefühlen freien Lauf zu lassen. Hätte sie darauf hören sollen?

Glücklicherweise waren Julies Prinzipien stärker als das Säuseln in ihrem Herzen. Sie kündigte und erzählte einer christlichen Freundin von ihrer Versuchung. Mit Gottes Hilfe wollten sie die Situation gemeinsam durchstehen.

Julie war schlau genug, auf ihr Herz aufzupassen und die Folgen ihres Tuns zu bedenken. Hätten die Gefühle gesiegt, wäre viel zerstört worden: Ihre Beziehung zu

Gott, die Reinheit ihrer späteren Ehe und die Familie des Arztes. Merkst du, wie zerstörerisch das Verlangen unseres Herzens sein kann? Julie ging der Versuchung aus dem Weg. Sie sprach mit jemandem über die ganze Angelegenheit und traf Sicherheitsvorkehrungen, um nicht erneut gefährdet zu werden.

Befindest du dich auch in einer riskanten Situation? Rät dein Herz dir, einfach so weiterzumachen? Dann solltest du wie Julie alles dransetzen, Kontrolle über dein Herz zu gewinnen und es Gott anzuvertrauen.

Herzens-Hygiene

Jetzt stell dir vor, dein Herz wäre eine frische Wasserquelle, von der du jeden Tag trinkst. Die Bibel sagt, von unserem Herz „geht das Leben aus" (Sprüche 4,23), es ist die Quelle für unsere Ansichten, Worte und Taten. Achte darauf, dass sie sauber bleibt, damit unser Leben nicht schmutzig wird und austrocknet.

Peter Marshall, der frühere Kaplan des Amerikanischen Senats*, erzählte gern die Geschichte „Der Quellenwächter". Sie betont die Wichtigkeit, ständig auf die Herzens-Hygiene zu achten:

Es war einmal ein alter Einsiedler. Er lebte zurückgezogen hoch über einem Dorf in den österreichischen Alpen. Der Rat des Dorfes hatte den alten Mann vor vielen Jahren als Quellenwächter angestellt. Er sollte sich um die Sauberkeit der Quelle kümmern, die das Dorf mit frischem Wasser versorgte. Zuverlässig drehte der Quellenwächter seine Runde, fischte Blätter und Zweige aus dem Quellteich und entfernte den Schlamm, der das frische Wasser verschmutzt und die Abflüsse verstopft hätte.

Jahre vergingen. Eines Abends traf sich der Rat wieder zu seiner halbjährlichen Sitzung. Als die Mitglieder die

* Ein Kaplan ist ein katholischer Hilfsgeistlicher, der vor jeder Senatssitzung in den USA betet

Finanzen des Dorfes besprachen, fiel einem Prüfer das Gehalt des Quellenwächters ins Auge. „Wer ist denn dieser alte Mann?", fragte er empört. „Warum bekommt er Jahr für Jahr Geld von uns? Wir sehen ihn nie, und soweit wir wissen, bringt er uns nichts. Wir brauchen ihn nicht mehr!" Einstimmig beschloss der Rat, auf die Dienste des alten Mannes zu verzichten. In den nächsten Wochen änderte sich erst einmal nichts. Aber als der Herbst kam, verloren die Bäume ihre Blätter, kleine Zweige brachen ab, fielen ins Wasser und verstopften den Abfluss. Eines Nachmittags bemerkte jemand eine leichte braun-gelbe Verfärbung des Wassers. Nach ein paar Tagen wurde es noch viel dunkler. Innerhalb einer Woche lagerte sich in Ufernähe auf der Wasseroberfläche eine schmierige Schicht ab und verbreitete einen üblen Geruch. Die Mühlräder drehten sich langsamer und schließlich gar nicht mehr. Läden in der Nähe des Wassers mussten schließen; die Fische im Dorfteich starben. Schließlich wurde die Dorfbevölkerung von Krankheiten heimgesucht.

 Die Quelle sauber zu halten ist eine unspektakuläre Sache, die man nur an den ausbleibenden Folgen erkennt. Wir sind die Wächter unseres Herzens. Wir müssen permanent aufpassen und uns um die Reinheit unseres Herzens kümmern. Dabei können wir Gott bitten, uns die Dinge aufzuzeigen, die unser Herz vergiften. Und weist er uns auf „unsaubere" Einstellungen, Wünsche und falsches Verlangen hin, müssen wir alles dransetzen, damit dieser Schmutz aus unserem Herzen verschwindet.

Schmutzschichten

Was ist das für Schmutz, den wir entfernen sollen? Johannes warnt uns: „Liebt nicht die Welt und was in der Welt ist! Wer die Welt liebt, hat die Liebe zum Vater nicht. Denn alles, was in der Welt ist, die Begierde des Fleisches, die Begierde der Augen und das Prahlen mit dem Besitz, ist nicht vom Vater, sondern von der Welt" (1. Johannes 2,15–16).

In diesem Abschnitt listet Johannes verschiedene Dinge auf, die unser Herz verschmutzen: Verlangen nach Sex, Statusdenken und Prahlerei. Können wir diese Punkte auf unser Liebesleben übertragen? Ich denke ja. Vieles wird zuerst durch reines Verlangen angeregt (wenn es dabei auch nicht unbedingt gleich um „nackten Sex" geht). Wir sind scharf auf etwas, das Gott uns untersagt hat, oder wir jammern, weil wir etwas nicht haben. Dieser „Schmutz" zeigt sich in Beziehungen besonders in Form von sexueller Lust und Selbstmitleid.

1. Schwärmerische Begierde

Altmodische Worte für ein ganz modernes Gefühl – ständig musst du an jemanden denken, von dem du hin und weg bist, dein Herz schlägt schneller, wenn die-/derjenige vorbeiläuft. Stundenlang träumst du von einer gemeinsamen Zukunft mit dieser speziellen Person. Das ist schwärmerische Begierde, und ich kenne sie ziemlich gut aus eigener Erfahrung.

Na und? Das tut doch niemandem weh, oder? Es fällt schwer zu glauben, dass diese harmlose Schwärmerei möglicherweise gar nicht so harmlos ist. Wir sollten das mal genauer unter die Lupe nehmen. Immer, wenn wir jemand anderem außer Gott gestatten, unsere ungeteilte Aufmerksamkeit zu erringen, verlassen wir den Bereich der harmlosen Sympathie und begeben uns in die gefährliche Sphäre der blinden Leidenschaft. Nicht mehr Gott ist Mittelpunkt unseres Denkens, sondern ein Mensch. Wir werden damit – so hart das klingt – zu Götzenanbetern, weil wir eine Person auf den Thron setzen und von ihr erwarten, dass sie alle unsere Bedürfnisse stillt und uns glücklich macht.

Gott ist eifersüchtig. Er möchte das Zentrum unserer Gedanken, Sehnsüchte und Wünsche sein; dazu hat er uns geschaffen und gerettet. Liebend gerne schenkt er uns Freundschaften mit anderen Menschen, denn auch dazu hat er uns geschaffen – aber vorher wünscht er sich, dass wir ihm unser Herz anvertrauen, damit er uns mit allem, was gut ist, voll beschenken und ausfüllen kann.

Nicht nur, dass wir unsere Aufmerksamkeit von Gott abwenden – Schwärmerei kann zu weiteren Problemen führen, weil sie nun mal auf Illusionen baut. Wir erheben die betreffende Person in unseren Vorstellungen zur Traumfrau oder zum Traummann. Wir sind überzeugt, dass wir für immer und ewig zusammen glücklich sein werden, wenn uns derjenige nur seine Zuneigung schenken würde. Wir kennen die Person gar nicht richtig, deshalb träumen wir und verlieren uns in Idealvorstellungen. Entdecken wir dann irgendwann mal, dass er oder sie ja auch nur ein Mensch wie jeder andere ist, platzen unsere Träume wie Seifenblasen . . . und statt daraus zu lernen, warten wir halt auf die nächste „große Liebe", die es dann aber auch wirklich sein soll.

Um diesen unsinnigen Kreislauf zu stoppen, müssen wir kapieren, dass keine menschliche Beziehung uns jemals völlige Zufriedenheit schenken kann. Sobald unsere Gedanken in die Traumwelt von ewiger Glückseligkeit abrutschen, wäre es gut zu beten: „Herr, hilf mir, diese Person in deinem Sinne liebzuhaben, aber sie soll für mich nicht wichtiger werden als du. Erinnere mich bitte immer wieder daran, dass kein menschliches Wesen in meinem Leben deinen Platz einnehmen kann. Du bist meine Stärke, meine Hoffnung, meine Freude und mein größter Schatz. Hol mich zurück auf den Boden der Tatsachen, Herr, gib mir ‚ein ungeteiltes Herz' (Psalm 86,11)."

 Mein Vater sagt immer, dass man die Menschen Menschen sein lassen kann, wenn man Gott Gott sein lässt. Wenn wir Gott den Platz in unserem Leben einräumen, der ihm zusteht, sind wir geschützt, auch wenn uns menschliche Beziehungen runterziehen wollen. Erheben wir einen Menschen zu einem kleinen Gott (= Götzen), hat Gott nicht mehr den alleinigen Anspruch.

Steht Gott in unserem Leben an erster Stelle, wissen wir, dass wir diese hirnlosen Schwärmereien vermeiden müssen – keine Spielerei mehr mit dem Feuer. „Gib der Sache einfach von vornherein keine Chance", erklärte mir ein Mädchen aus New York, als ich sie danach fragte, wie sie gegen dieses kribbelnde Gefühl ankämpft. Sie hat Recht. Aus Sympathie wird nur dann Schwärmerei, wenn wir es zulassen.

Wir haben die Wahl, wenn uns jemand interessiert: Entweder wir belassen es bei der Sympathie oder wir lassen uns von unseren Illusionen dahintreiben. Nach einer Radiosendung, zu der ich eingeladen war, sprach ich anschließend mit der Sendeleiterin, einer ledigen Frau um die dreißig. Sie erzählte mir, dass nicht nur Jugendliche mit dem Verliebtsein zu kämpfen hätten. Auch sie als Erwachsene hat sich mit schwärmerischen Gefühlen auseinanderzusetzen. Ein Satz blieb besonders bei mir hängen: „Joshua", meinte sie, nachdem sie mir von einem Mann erzählte, der sie erst vor Kurzem angemacht hatte, „bei mir ist Gott die Nummer eins. Und bis der Richtige auftaucht, habe ich keine Lust, mich irgendwelchen schwärmerischen Gefühlen hinzugeben und mein Herz zu verlieren."

Für sie bedeutete das, während der Arbeit oder auf dem Nachhauseweg nicht in irgendwelchen Tagträumen zu entschweben, „sein" Bild nicht an den Kühlschrank zu kleben und auch nicht mit Freundinnen über ihn zu kichern. Zum richtigen Zeitpunkt ist das in einer Beziehung vielleicht ganz okay, aber sie wusste, dass sie sich im Moment nur in sinnlose Verliebtheit verwickeln würde.

Wie ist das bei dir? Warst du schon mal durch einen Schwarm so abgelenkt, dass du nur noch an diesen möglichen „perfekten" Partner gedacht hast? Wurde Gott ins Abseits befördert? Nimm dir die Zeit, darüber nachzudenken, welche Rolle die Fixierung auf Verliebtsein in deinem Leben spielt.

2. Sexuelle Begierde

Die zweite Schmutzschicht, die die Reinheit unserer Herzen bedroht, ist sexuelles Verlangen. Wir wollen etwas, was Gott uns eigentlich untersagt hat. Wenn ich als Mann eine Frau ansehe, mit der ich nicht verheiratet bin, und dabei in meiner Fantasie erotische Gedanken entwickle, konzentriert sich mein Herz auf etwas, das Gott momentan noch nicht für mich vorbereitet hat. In der Ehe ist sexuelle Lust absolut angebracht und kein bisschen anrüchig; schließlich ist Sexualität an sich eine wunderbare, von Gott unglaublich schön erdachte Angelegenheit. Aber, wie schon gesagt, hat Gott gewisse Vorgaben, die uns nahelegen, dieses Verlangen vor der Ehe zu zügeln.

Wenn wir erfolgreich dagegen ankämpfen wollen, müssen wir die Lust in dieser „ungerichteten" Form ablehnen – wie Gott es tut. Verhalten wir uns so? Leider nicht. Ein kleiner Vorfall während eines Besuches in Denver zeigte mir, wie gespalten mein Verhalten war. Auf dem Weg von meinem Hotelzimmer zum Konferenzzentrum kamen mir an einem Nachmittag drei junge Männer entgegen. Sie grinsten komisch, lachten und tuschelten, als sie an mir vorbeigingen. Ich fühlte mich unbehaglich. Was ging denn hier ab? Ich verdrängte das ungute Gefühl und lief weiter. Nach ein paar Minuten hielt ein Auto neben mir; drinnen saßen diese drei Kerle. Plötzlich wusste ich, was los war: Die drei Typen waren homosexuell und wollten abchecken, ob sie bei mir landen konnten. Sie pfiffen, zwinkerten mir zu und zogen mich mit ihren Blicken förmlich aus. Es war total ätzend. Dann gaben sie Gas und fuhren weiter.

Die Wut und den Ekel, den ich in diesem Moment im Bauch hatte, werde ich nie vergessen. Ich war empört, von ihnen als Objekt ihrer Lustbefriedigung missbraucht worden zu sein.

Verärgert redete ich mit Gott: „Diese Leute sind doch krank im Hirn!"

Seine Antwort traf mich völlig unerwartet: „Joshua,

deine eigene Art, Frauen anzusehen, ist in meinen Augen genauso falsch und abstoßend."

Ich war fix und fertig. Meine Verachtung für das Verhalten der drei Männer war nichts im Vergleich zu dem, was Gott über mein Verhalten empfinden musste. Gott sagt, dass ich, wenn ich eine Frau auf der Straße, einem Plakat oder in einem Film ansehe und dabei erotische Gedanken habe, mit ihr in meinem Herzen Ehebruch begehe (Matthäus 5,28). Das ist ganz schön heftig!

Wie oft habe ich solche „heißen" Gedanken schon gehabt, wenn ein Mädchen an mir vorbeiging ... eigentlich genau wie diese drei jungen Männer! Na gut, ich habe sie nicht so offen angegraben, aber seien wir ehrlich: Meine Gedanken waren auch nicht viel besser! Bin ich von meiner „nackten" Lust genauso angewidert wie von der anderer? Lege ich den gleichen Maßstab an? Jemand hat einmal gesagt: „Was wir vor Menschen nicht tun wollen, sollten wir vor Gott nicht mal denken."

Sei konsequent in deinem Bemühen, solche Gedanken aus deinem Kopf zu bekommen und bete: „‚Gib mir ein reines Herz, Herr' (Psalm 51,12). Hilf mir, wie Hiob zu sein, der ‚mit seinen Augen einen Bund schloss, nie eine Jungfrau lüstern anzusehen' (Hiob 31,1). Hindere mich daran, meiner Lust nachzugeben, und hilf mir, ehrlich dagegen anzukämpfen. ‚Die Worte meines Mundes mögen dir gefallen; was ich im Herzen erwäge, stehe dir vor Augen, Herr, mein Fels, mein Erlöser'" (Psalm 19,15).

Versuchungen, die dieses falsche Verlangen in uns wecken, gehen wir am besten aus dem Weg. Ein Mädchen, das ich kannte, warf aus diesem Grund zum Beispiel alle ihre Liebesromane weg. Sie hatte begriffen, dass diese Lektüre in ihr ein Verlangen nach Liebe und Geborgenheit weckte, das im Moment noch nicht gestillt werden konnte. Ein Schulfreund schränkte seine Besuche am Strand ein, weil die Mädchen in ihren knappen Bikinis seiner Beherrschung ziemlich zusetzten. Ein anderer Kumpel nahm sich vor, ein halbes Jahr lang keinen einzigen Film mehr anzusehen (er hatte erst gesagt, „keinen

Liebesfilm", aber dann festgestellt, dass es in fast jedem Film um Liebe, Sex und Erotik geht). Alle drei Beispiele meiner Freunde zeigen, wie man sein Herz vor „Anheizung" von außen schützen kann.

3. Selbstmitleid

Die letzte Schmutzschicht unseres Herzens ist das Selbstmitleid: Führen die augenblicklichen Umstände unseres Lebens dazu, dass wir uns selbst zutiefst bedauern? Dann ist nicht mehr Gott mit seiner Güte, seiner Gerechtigkeit und seiner Fähigkeit, in allen Situationen zu helfen, das Zentrum unseres Lebens, sondern wir! Wir wenden uns von Gott ab – und verbannen damit die einzige Hoffnungsquelle, die wir überhaupt haben.

Unser Herz kann ruckzuck vor Selbstmitleid zerfließen, zum Beispiel, wenn wir uns fürchterlich verlassen fühlen oder uns nach jemandem sehnen, den wir lieben können. Scheinbar haben wir allen Grund zu klagen und mies drauf zu sein – es geht uns ja sooo schlecht!

Wenn wir uns vor Augen halten, was für uns am Kreuz passiert ist, gibt es dann überhaupt noch einen Grund, sich zu beschweren und zu jammern?

 Ich versuche, Gott zuliebe keine flüchtigen Abenteuer mehr einzugehen, und fühle mich dabei manchmal wie ein kleiner Märtyrer: „Ich armer, heldenhafter Joshua, hier steh ich nun und leide, um alles richtig zu machen!" Wie blöd von mir! Wenn ich das Ganze wieder etwas klarer und objektiver sehe, fällt mir wieder ein, dass ich das alles ja nicht Gott zuliebe mache. Er hat gar nichts davon, wenn ich mich beherrsche. Er hat seine Richtlinien ja schließlich gemacht, weil er als unser Erfinder weiß, was für seine Geschöpfe das Beste ist. Sie sind zu unserem eigenen Schutz da, nicht, weil es Gott irgendwas bringt, wenn wir uns brav daran halten.

Selbstmitleid ist eine kurzsichtige Reaktion auf das Gefühl des Alleinseins. Klar, es ist ganz normal, sich hin und wieder einsam zu fühlen oder das Verlangen nach Gemeinschaft zu haben. Aber wir machen einen Riesenfehler, wenn wir uns innerlich von Gott abwenden, weil uns unsere eigenen Bedürfnisse vorrangig erscheinen und wir nicht wirklich das Gefühl haben, dass er sich darum kümmert.

Bemitleidest du dich häufig selber? Glaubst du nicht, dass Gott nur das Beste für dich will? Wenn dem so ist, solltest du deinen Hang zum Selbstmitleid mal durchleuchten. Verschiedene Tipps können den großen Selbstmitleids-Trip verhindern:

VERGLEICH DICH NICHT STÄNDIG MIT ANDEREN. Lass dich da nicht reinziehen. Zu viele Menschen verschwenden ihre Zeit, weil sie Dingen hinterherlaufen, die sie eigentlich gar nicht ernsthaft wollen. Aber sie ertragen den Gedanken nicht, dass andere etwas besitzen, das sie nicht haben. Frag dich: „Fehlt mir wirklich etwas in meinem Leben, oder bin ich nur neidisch auf andere?"

WENN SELBSTMITLEID IN DIR HOCHSTEIGT, VERWANDLE ES IN MITGEFÜHL FÜR ANDERE. Guck, ob sich jemand anders auch so einsam fühlt wie du, und finde einen Weg, diese Person zu trösten. Kleb nicht nur an deinen Wünschen, sondern hilf, die Bedürfnisse anderer zu stillen.

Außerdem kannst du die Momente, in denen du dich einsam fühlst, nutzen, um Gott näher zu kommen. Eine junge Frau erzählte mir: „Wenn ich mich sehr allein fühlte, dachte ich: ,Gott ruft mich wieder einmal zu sich.'" In diesen Zeiten lernte sie, sich wirklich an Gott auszuliefern und vor ihm ihr Herz auszuschütten. Sie wollte im Nachhinein auf diese engen Momente mit Gott um nichts in der Welt verzichten.

Mr. Allwissend

Die verantwortungsvolle Aufgabe, unser Herz zu bewahren, findet tief in unserem Inneren statt. Aus der Reinigungsmittelwerbung kennen wir ja solche Ausdrücke wie „porentief rein" und „Tiefenwirkung", und genau so läuft das in dieser Sache auch. Durch eine intensive Auseinandersetzung mit Gott und seinen „Reinigungsmitteln" (Reden mit ihm, Beschäftigung mit seinem Wort) weichen wir die schmutzigen Schichten auf unserem Herz gründlich auf und können sie dann langsam abtragen. Und wie bei dem Quellenwächter ist die Arbeit nie abgeschlossen. Wir müssen unser Herz mit der gleichen Zuverlässigkeit und Regelmäßigkeit sauberhalten, auch wenn man den Erfolg nur sieht, indem man nichts sieht.

Das klingt alles ziemlich anstrengend, aber das Versprechen in 1. Johannes 3,20 gibt uns Hoffnung: „Gott ist größer als unser Herz, und er weiß alles." Gottes Kraft kann uns helfen, die Höhen und Tiefen unserer Gefühle zu überwinden, und es ist beruhigend zu wissen, dass er unsere Lage nicht aus der Ferne betrachtet und dann nur über uns den Kopf schüttelt. Jesus, der Sohn Gottes, lebt laut Hebräer 7,25 „allezeit, um für sie (die Gläubigen) einzutreten". Er hat, wie du und ich, die gleichen Gefühle von Einsamkeit kennengelernt, und er weiß, wie es ist, der Versuchung ausgesetzt zu sein. Er wird uns helfen und uns ermutigen, wenn wir wirklich wollen, dass unsere Herzen sauber bleiben.

11. „Freiwillig Single? Tickst du noch ganz richtig?"

Solo im Dating-Zirkus und trotzdem cool

Eines Tages erklärte mir mein sieben Jahre alter Bruder Brett ganz nüchtern, Susie aus der Sonntagsschule sei in ihn verknallt.

„Wirklich?", fragte ich.

„Ja", kam von Brett gleichgültig. „Sie hat ihren Teddybären Brett genannt, und sie hat ihn in der Kirche geküsst."

„Sie hat was?"

„Mich hat sie auch geküsst. Sie will, dass ich ihr Freund bin."

„Sie will was?"

Ich muss wohl nicht erwähnen, dass es daraufhin im Hause Harris zu einer kleinen Unterhaltung kam. Meine Eltern erklärten Brett, dass er in seinem Alter noch keine Gedanken an eine feste Freundin verschwenden sollte und dass küssen noch nicht dran sei. Er war im Grunde auch ihrer Ansicht; er fand Susies Avancen eher lästig.

Leider ist die Sache nicht immer so lustig: Keinen festen Partner zu haben grenzt in den Augen der anderen an Schwachsinn oder Unfähigkeit. Wahrscheinlich hast du das auch schon erlebt. Freunde, Familie oder sogar Fremde drängen uns, dass wir uns „doch langsam mal" den gesellschaftlichen Vorstellungen anpassen und eine feste Beziehung vorweisen sollten. Erfüllen wir diese Erwartung nicht, stellen sie unsere Einstellung und uns selbst in Frage. Manchmal machen sie sich auch über uns lustig, und meistens stellen sie uns eine Menge Fragen. Wie können wir darauf antworten?

In diesem Kapitel möchte ich dir ein paar Tipps geben, wie du deine Entscheidung, dich noch nicht fest zu binden, selbstsicher rüberbringen kannst. Ich habe ein paar Beispielsituationen ausgewählt, in denen du dich bestimmt irgendwie wiederfindest. Einige Prinzipien sollen dir in diesen kniffligen Momenten helfen.

Erste Szene: Begegnung in der Schulcafeteria

Sean saß in der Schulcafeteria vor seinen restlichen Pommes. Als sich die anderen Schüler langsam verzogen, kam Randy auf ihn zu und grüßte ihn mit seinem typischen selbstsicheren Grinsen.

„Was geht ab, Alter?", wollte Randy wissen und baute sich vor Seans Tisch auf.

„Nix Besonderes. Willst du noch ein paar von meinen Pommes?"

„Nee, danke", antwortete Randy, nachdem sein Blick über die kalten Dinger glitt. „Hör mal, ich wollte eigentlich nur wissen, mit wem du zum Abschlussball gehst*. Ich habe Jenny gefragt, und ich dachte mir, du könntest mit deiner Schnalle anschließend mit zu mir kommen. Meine Mutter meinte, wir könnten noch bei uns schwimmen gehen. Oh Mann, hast du Jenny schon mal im Badeanzug gesehen? Wow, sag ich dir! Also, was meinst du?"

„Tja, ich weiß nicht, Randy, ich glaube nicht –"

„Mensch, komm schon! Wie wär's mit Melissa? Die ist cool drauf!"

„Nein, ich will wirklich nicht . . .!"

„Was redest du für einen Mist? Natürlich willst du!", sagte Randy und boxte leicht gegen Seans Arm.

---

* Dazu muss man wissen, dass der Abschlussball in Amerika *das* gesellschaftliche Ereignis schlechthin ist. Ihn zu verpassen ist ungefähr so unvorstellbar wie sechs Richtige im Lotto zu haben und das Geld nicht abzuholen!

„Hey, Randy, ich geh nicht zu dem Ball, o. k.?"

„Du gehst nicht?"

„Ja, genau. Andrew, Ben und ich wollen mit meiner Schwester und ein paar Mädchen aus der Kirche essen gehen und anschließend bei uns zu Hause noch was spielen."

„*Spielen?*"

„Ja, Scrabble oder so."

„Scrabble? Ich könnte dich mit Melissa zusammen-bringen, aber du gehst lieber mit deiner Schwester und ein paar spröden Schnepfen essen und dann *Scrabble* spielen? Alter, bist du noch ganz dicht?"

„Sie sind nicht spröde! Wir wollen einfach nur als Freunde etwas unternehmen. Du kannst dich ja mit Jenny treffen, aber mach hier keinen Aufstand, nur weil ich da nicht mitziehen will."

„O.k., ich will deine Freunde ja gar nicht schlechtma-chen. Aber Sean, sag mal ehrlich, wann hast du zum letz-ten Mal ein Mädchen geküsst – ich meine so richtig? Junge, ist an der Zeit, mal wieder in Aktion zu treten."

„Mmmhh, vielen Dank für den Tipp", antwortete Sean sarkastisch, während Randy aufstand.

Als er die Eingangstür der Caféteria erreicht hatte, drehte Randy sich um und schrie: „Hey! Mir fällt gerade ein tolles Wort mit sieben Buchstaben für dein Scrabble-Spiel ein: S-P-I-N-N-E-R!"

„Sehr witzig", sagte Sean leise, während das Lachen seines Freundes noch im Innenhof zu hören war.

Keine dämlichen Antworten

So eine Situation kann einen ganz schön auf die Palme bringen. Aber auch wenn es schwerfällt, lass uns lernen, zu unseren Überzeugungen zu stehen, ohne verärgert zu reagieren, wenn jemand eine andere Meinung ver-tritt oder sich sogar über uns lustig macht. Wenn wir den anderen unseren Standpunkt klarmachen wollen, sollte es nicht zynisch, sarkastisch oder beleidigend klingen.

Die Zeitschrift *Mad*, berühmt für ihren abgefahrenen schwarzen Humor, hatte früher einen Cartoon mit dem Titel: „Dumme Antworten auf dumme Fragen". Wenn jemand eine doofe Frage stellt, kriegt er zumindest eine genauso doofe Antwort. Zum Beispiel wurde ein Mädchen mit einem Telefonhörer am Ohr gefragt: „Telefonierst du?" Das Mädchen mit dem Telefonhörer antwortet: „Nein, das ist ein Riesen-Ohrenstäbchen."

Dämlich und unfreundlich sollten unsere Antworten auf keinen Fall sein, wenn uns jemand fragt, warum wir im Moment keine feste Beziehung haben wollen. Anstatt „dumme Antworten auf dumme Fragen zu geben", sollten wir wie Jesus reagieren und den anderen unsere Sichtweise so verständlich und geduldig erklären, dass der Fragende zuhören möchte. Unser erstes Kommunikationsprinzip lautet:

SPIEL NICHT DIE BELEIDIGTE LEBERWURST. ERKLÄR FREUNDLICH DEINE SICHTWEISE, UND MACH DEN ANDEREN NICHT RUNTER. Im Umgang mit unseren Mitmenschen sollten unsere Überzeugungen sichtbar werden. Unser Verhalten sollte Gottes Wesen widerspiegeln; es sollte Gott und unseren Mitmenschen gefallen. Es geht nicht darum, dass wir auf die anderen runterschauen, weil wir ja eine ach so reife und tolle Einstellung zu dem Thema haben. Gott hasst Stolz und Selbstgerechtigkeit; deshalb sollten wir dies bei unseren Diskussionen mit anderen auf jeden Fall vermeiden. Mal ganz abgesehen davon, dass wir wenig Grund dazu haben, stolz und selbstgerecht zu sein – jedenfalls, wenn du auch nur halb so fehlerhaft und dusselig bist wie ich!

Zweite Szene: Tante Tessi

„Alles im Haus meiner Tante Tessi ist orange, avocado-grün oder golden", meinte Sarah, während sie im Wohn-zimmer einen Schluck Eistee trank.

In diesem Moment kamen ihre Mutter und Tante Tessi aus der Küche. Tessi umarmte Sarah und meinte dann: „Mmm, du riechst gut, Sarah-Schatz. Von wem hast du denn dieses tolle Parfum?" Sie zog eine Augenbraue hoch: „Von einem Jungen?"

„Ähh, ja", antwortete Sarah verschmitzt und ließ sich neben dem Wohnzimmertisch auf den Boden plumpsen.

Sarahs Mutter lächelte und machte es sich auf der Couch gemütlich.

„Von wem?" Tante Tessi schrie fast. „Wer ist es? Hast du etwa Geheimnisse vor mir? Wer hat dir das Parfum geschenkt?"

„Dad!", antwortete Sarah triumphierend.

„Ohh, du kleiner Schelm!" Tessi setzte sich enttäuscht neben Sarahs Mutter auf die Couch. „Jetzt mal ehrlich, wie steht's mit deinem Liebesleben?"

„Wie immer", dachte Sarah und strich mit den Fingern durch die goldenen Fransen des Teppichs. Bei jedem Tref-fen mit ihrer Tante wurden ihr die gleichen Fragen zu ihrem Single-Dasein gestellt. Tante Tessi verstand ihre Einstellung zu Beziehungen einfach nicht.

„Oh, Tess, fang nicht schon wieder damit an", kam Sarahs Mutter ihr zu Hilfe. „Sarah ist erst sechzehn, und ich habe dir schon so oft erklärt, dass Robert und ich gegen eine frühe Bindung sind. Das bringt so viele Schwierigkeiten mit sich. Außerdem arbeitet Sarah in der Kirche mit und will studieren. Ein Freund würde sie nur ablenken."

„Sie braucht aber doch einen Mann an ihrer Seite!", rief Tessi und überhörte ihre Schwester. „Sie ist so ein süßes Ding und sollte sich das nicht entgehen lassen. Habe ich euch erzählt, dass Angie mit dem nettesten Jungen der ganzen Schule zusammen ist? Sie haben sich auf einer dieser Schulfeten kennengelernt. Er studiert . . ." Wenn Tante Tessi erst mal anfing, war sie nicht mehr zu bremsen. Sie würde nun ohne Luft zu holen nur noch von Sarahs Cousine und ihrer neuesten Eroberung sprechen.

Sarah schaute zu ihrer Mutter rüber, die seufzte und lächelte. Schließlich kannte sie Tante Tessi nur zu gut. Der Blick in ihren Augen verriet, auf wessen Seite sie war: „Keine Angst, mein Kind. Du bist auf dem richtigen Weg, lass dich nicht entmutigen."

Rechtfertigungen sind sinnlos

Hast du dich entschlossen, bei diesem Beziehungszirkus nicht mitzumachen, wird dir früher oder später jemand wie Tante Tessi über den Weg laufen, der auf Logik, Wertvorstellungen oder biblische Prinzipien pfeift. Du kannst mit so jemandem argumentieren und diskutieren, bis dein Gesicht blau anläuft – auch nach Stunden wird derjenige noch davon überzeugt sein, dass du sofort auf die Jagd nach einem „Lebensabschnittspartner" gehen solltest.

Bist du so jemandem ausgesetzt, solltest du dich an das folgende Prinzip erinnern:

DU MUSST NIEMANDEM BEWEISEN, DASS DEINE ANSICHT DIE RICHTIGE IST. Kümmer dich einfach nicht darum, ob du in den Augen der anderen richtig liegst. Hoffe auch nicht insgeheim, dass in ihrem Leben einmal alles drunter und drüber gehen wird und sich deine Meinung dann als die einzig richtige bestätigt. Konzentrier dich lieber darauf, Gott zu gefallen. Du musst den anderen nicht beweisen, dass sie falsch liegen – das ist nicht dein Job. Bleib einfach auf dem Weg, den Gott für dich vorgesehen hat.

Häufig sind die Personen, mit denen ich über meine Ansichten gesprochen habe, anschließend immer noch total anderer Meinung. Sie sehen die Dinge einfach anders. Und das ist völlig o. k.! Wenn diese Leute in meinen Augen ihre Beziehungen nicht sonderlich schlau angehen, bitte ich Gott, ihnen seine Ideen zu dem Thema zu zeigen – wie er es bei mir auch getan hat. Es ist nicht meine Aufgabe, sie zu bedrängen. Gott wird schon zum richtigen Zeitpunkt in ihr Leben eingreifen.

Häufig ist das überzeugendste Argument schlicht und einfach unser Vorbild – die Art, wie wir leben. Lass uns akzeptieren, dass unsere Mitmenschen das Recht auf eine andere Meinung haben, und hoffen, dass wir sie mit dem, was wir ihnen vorleben, irgendwie näher zu Gott bringen.

Dritte Szene: *Verzwickter Sonntagnachmittag*

Die Familie Taylor brüstete sich immer damit, dass sie jeden Sonntag die Kirche als letzte verließen. Paul, der älteste Sohn, hatte es schon vor einiger Zeit aufgegeben, seine Eltern zur Eile zu drängen. Als die beiden sich also wieder mal vergnügt mit einem anderen Ehepaar unterhielten, entschuldigte sich Paul und schlenderte schon mal vor zum Parkplatz. Einige Freunde standen noch bei ihren Autos herum.

„Hey, Paul!", rief eine Mädchenstimme. Es war Alisha Johnson. Alisha war zwar erst vor Kurzem auf die christliche Schule gekommen, aber sie hatte in der Jugendgruppe schnell Anschluss gefunden. Sie war ziemlich offen und unternehmungslustig, und mehr als nur ein Junge in der Schule fand sie „zum Anbeißen."

„Wie geht's, Alisha?", fragte Paul, als er auf die Clique zuging. „Was habt ihr so heute Nachmittag vor?"

„Wir wollen erst Pizza essen gehen und anschließend runter zum Fluss. Hast du Lust mitzukommen?"

„Au ja, komm mit", sagte Alisha und griff nach Pauls Arm. Die Art, wie sie es sagte, ließ sein Herz schneller schlagen. Sie beugte sich vor und zupfte an seiner Krawatte. „Oh, Mister Taylor", ulkte sie todernst, „Sie *müssen* uns zum Fluss begleiten."

„Ach, ja?" Er versuchte seine Nervosität zu überspielen.

„Klar! Ich bin mit dem Auto hier. Wir könnten zusammen zu mir fahren, du wartest, bis ich mich umgezogen hab', und dann treffen wir die anderen in der Pizzeria. Nachher kann ich dich dann auch nach Hause bringen."

Er wollte ja sagen – jeder Junge auf der ganzen Welt hätte wahrscheinlich ja gesagt –, aber Paul wusste, dass es einfach nicht richtig wäre. Alishas Stimme und ihr Verhalten machten deutlich, dass sie in ihm mehr als nur einen Mitchristen aus der Jugendgruppe sah, der zufällig männlichen Geschlechts war. Würde er zusagen, ginge es in die falsche Richtung los.

Paul stellte sich die Situation bei ihr zu Hause vor: Sie wären allein; ihre Mutter war alleinstehend und arbeitete an den Wochenenden. Nicht gut. Die beiden würden zu zweit im Restaurant ankommen, und die anderen würden sie als potenzielles Pärchen abstempeln. Gar nicht gut. Abends würde Alisha ihn nach Hause bringen. Alisha war wirklich hübsch und lustig, aber Paul wusste, dass er sich momentan auf etwas anderes konzentrieren sollte. Er wollte nicht leichtfertig mit ihr spielen.

„Weißt du, ich würde liebend gerne mitkommen", seufzte er, „aber meine Eltern legen Wert darauf, dass ich sonntags daheim bin. Wir bekommen heute Nachmittag außerdem auch noch Besuch. Es sieht also leider so aus, dass ich nicht mitkommen kann."

„Na ja, schade. Dann eben bis Mittwoch", sagte Alisha mit einem kleinen Schmollen und wandte sich wieder an die Gruppe.

Hilfe, mir gehen die Entschuldigungen aus

Paul saß ganz schön in der Klemme. Von Freunden oder Verwandten ausgelacht zu werden ist eine Sache, aber Verabredungen abzulehnen kann schnell zu einer verzwickten Angelegenheit werden. Wie können wir das durchziehen, ohne zum totalen Einsiedler zu werden? Ein Mädchen schrieb mir vor Kurzem eine E-Mail: „Hilfe!

Ich habe letzte Woche zwei Dates abgesagt, jetzt fallen mir bald keine Entschuldigungen mehr ein!"

Bei diesem Mädchen und bei Paul wird ein Zeitpunkt kommen, an dem irgendwelche Ausflüchte nicht mehr ausreichen werden. Sie müssen dann schon ehrlich erklären, warum sie momentan keine Lust auf eine feste Bindung haben.

Hier kommen wir zu unserem dritten Prinzip, das uns helfen soll, unsere Sichtweise über Beziehungen deutlich zu machen:

UNSER VORRANGIGES ZIEL SOLLTE SEIN, ANDERE ZU ERMUTIGEN. Dieses Prinzip besagt, dass wir unsere Meinung, warum wir im Moment solo sein wollen, ausführlich darlegen sollten, es aber auch Zeiten gibt, in denen das einfach nicht angebracht ist. Unsere Erklärungen können zum richtigen Zeitpunkt für den andern hilfreich sein, ihn eventuell schützen, wenn seine Gefühle mal Achterbahn fahren und seine gegenwärtige Einstellung wackelt. Es gibt aber auch Zeiten, in denen wir den anderen nur durcheinanderbringen würden. Mit einer drastischen, überstürzten „Beziehungs-Predigt" verbauen wir uns die Chance, erst mal eine vertrauensvolle Freundschaft mit dieser Person aufzubauen. Als Moralapostel mit Heiligenschein machen wir keinen sonderlich guten Eindruck.

Woher wissen wir, wann wir loslegen dürfen? Das ist keine leichte Aufgabe, aber wir können herausfinden, ob es sich um eine günstige oder um eine weniger günstige Gelegenheit handelt, wenn wir zwei Arten von Freundschaften unterscheiden: Da sind zum einen die eher oberflächlichen Bekannten und dann die wirklich guten Freunde.

Ich werde kaum eine Diskussion über meine Einstellung zum Liebesleben vom Zaun brechen, wenn die Person mir nicht sehr vertraut ist. Leute, die mich kaum kennen, würden meine Aussagen falsch verstehen und mir das Ganze auch sicher nicht abnehmen. Fragt mich zum Beispiel ein entfernter Bekannter in der Kirche, ob ich eine Freundin habe, lächle ich höflich und antworte, dass ich momentan Single bin. Es wäre blödsinnig, hier um jeden Preis eine Diskussion über die sieben dämlichen Eigentore in Beziehungen anzufangen.

Guten Freunden hingegen erkäre ich meinen Standpunkt sehr deutlich. Sie wissen, dass ich keinen Bock habe, mit irgendjemandem etwas anzufangen. Ich habe darüber schon x-mal mit meinen Freunden gesprochen und ihnen die Bücher ausgeliehen, die mein Denken beeinflusst haben. Ob sie meine Meinung teilen oder nicht, spielt keine Rolle – Hauptsache ist, ich habe mich geöffnet und meine Einstellung klargemacht. Neulich hatte ich mich mit meiner Clique zum Kinobesuch verabredet. In der letzten Minute haben alle abgesagt, bis auf ein Mädchen. Da sie wusste, dass mir solche Zweiertreffen Bauchschmerzen machen, rief sie mich an und schlug von sich aus vor, den Kinobesuch zu verschieben. Ich musste nicht händeringend nach irgendwelchen Entschuldigungen suchen und hatte auch ihre Gefühle nicht verletzt. Sie akzeptierte meine Einstellung und konnte damit umgehen.

Wie verhältst du dich, wenn es soweit ist und du deine Ansichten vertreten sollst? Bei allem, was du erklärst, solltest du nie vergessen: Es geht nicht darum, eine Diskussion zu „gewinnen" oder deinem Zuhörer deine Meinung aufzudrücken. Sind deine Freunde deiner Meinung – cool! Aber das Wichtigste ist, ihnen verständlich darzulegen, was Gott dir verständlich gemacht hat. Ermutige sie und unterstütze sie auf ihrem ganz persönlichen Weg.

Bezieh dich bei deiner Argumentation immer wieder auf persönliche Beispiele. Du bist nicht für das Leben anderer verantwortlich, sondern nur für dein eigenes. Erzähl, was Gott dir klargemacht hat, und erkläre offen und ehrlich, wie du versuchst, ihm gehorsam zu sein. Nur, wenn du auch von deinen Schwächen sprichst, wird dein Zuhörer bereit sein, Fragen zu stellen und eigene Fehler preiszugeben.

Heiße Kohlen

Unsere Motivation bei solchen Gesprächen ist, dass dem anderen geholfen wird. Unser Ziel ist, Frieden, Liebe und Gerechtigkeit zu fördern und Gott zu gefallen. Was die anderen von uns denken, ist eigentlich unwichtig. Wir müssen nicht den Beweis erbringen, dass unsere Einstellung die einzig richtige ist. Wir wollen Gottes Liebe verdeutlichen und die Menschen spüren lassen, dass wir ihre Gefühle respektieren.

Wenn dich jemand mit diesem „Was, du bist Single und willst das auch noch so – hast du noch alle Tassen im Schrank?"-Blick anguckt, solltest du dich an den Ausspruch von Paulus erinnern: „Wir werden beschimpft und segnen; wir werden verfolgt und halten stand; wir werden geschmäht und trösten" (1. Korinther 4,12–13).

Die Bibel sagt uns, dass wir den Spott der anderen ertragen sollen, ohne eine Miene zu verziehen. Bist du schon mal ausgelacht worden, weil jemand deine Einstellung zu Beziehungen völlig durchgeknallt findet? Raste nicht aus, sondern antworte freundlich und bitte Gott, dass du diesem Menschen die gleiche Liebe entgegenbringen kannst wie Gott dir.

Und was jetzt?

Teil 4

12. Nutze die Zeit

Mach das Beste aus deiner Solo-Karriere

„Sieh mal", sagte meine Mutter und reichte mir eine Karte. „Jenny und ihr frischgebackener Ehemann laden uns ein."

Ich schaute auf das Bild mit dem Pärchen, und meine Kinnlade klappte runter. „Ich fass es nicht", meinte ich. „Jenny Renquist ist verheiratet? Das kann doch nicht sein!"

„Was heißt, das kann nicht sein?", fragte meine Mutter.

„Ich war in der achten Klasse in sie verknallt!", erklärte ich. „Wieso ist sie jetzt auf einmal verheiratet?"

„Sie hat einen netten jungen Mann getroffen und hat geheiratet. Das passiert jeden Tag."

„Wieso heiraten alle Mädchen, in die ich mal verliebt war?", jammerte ich.

„Du hast seit Jahren nicht mehr mit ihr gesprochen oder an sie gedacht", wies meine Mutter mich zurecht. „Was soll das denn jetzt?"

„Ich weiß nicht . . ." Ich betrachtete wieder das Bild. „Mama . . .?"

„Ja?"

„Ich glaube, meine biologische Uhr tickt."

„Männer haben keine biologische Uhr."

„Haben sie nicht?"

„Nein."

„Oh."

Nur das Eine im Kopf

 Ob nun die biologische Uhr tickt oder nicht, diesem Thema kannst du trotzdem nicht entgehen. Dutzende deiner Freunde werden dich plötzlich zu ihren Hochzeiten einladen. Was früher noch so weit weg und undenkbar schien, ist heute ganz nah. Merken Personen in deinem Umfeld, dass du noch ungebunden bist, bekommen sie diesen „Wir werden dich schon verkuppeln"-Tick. Wenn du im entsprechenden Alter bist, weißt du, was ich meine.

Bist du ein „potenzieller Hochzeits-Kandidat", aber ohne festen Partner, befindest du dich in einer riskanten Lage. Selbst wenn du noch gar nicht ernsthaft daran denkst – die Leute um dich herum befassen sich umso intensiver damit. Den Beweis lieferte mir meine Familie an meinem 21. Geburtstag. Es ist bei uns üblich, dass wir uns zu unserem Geburtstag innerhalb der Familie gegenseitig einen Brief schreiben. Die Briefe, die ich zu meinem 21. Geburtstag erhielt, waren der Hammer. Warum? Weil sie ständig auf die „Traumfrau" anspielten, die in den Augen meiner Eltern und meines kleinen Bruders irgendwann demnächst auftauchen würde.

Meine Mutter begann dieses Thema mit folgendem Satz: „Ich weiß, dass es eines Tages schwierig werden wird, dich loszulassen, wenn du die Frau getroffen hast, auf die wir alle warten und für die wir alle beten."

„Auf die wir alle warten und für die wir alle beten?", dachte ich. Jetzt mach mal halblang, Mama! Diese Bemerkung war doch wohl ein Symptom des berüchtigten I.W.E. („Ich Will Enkelkinder")-Syndroms!

Grinsend legte ich den Brief meiner Mutter zur Seite und fing an, den meines Vaters zu lesen. Er war voll mit typisch väterlichen Ratschlägen, aber die Schlusssätze nahmen das Thema Ehe ebenfalls auf: „Stell dich darauf ein, IHR bald zu begegnen, wenn du sie nicht schon getroffen hast. Gott hat sie für dich vorbereitet und schickt sie dir. Wenn du dir sicher bist, sie gefunden zu haben, dann bleib geduldig – überstürz nichts. Auf der anderen Seite solltest du es auch nicht künstlich in die Länge ziehen." Und so weiter.

Ich musste ganz schön schlucken, als ich diese Worte las. *„Stell dich darauf ein, ihr bald zu begegnen!"* – Wow! Das klang aber sehr bedeutsam und schicksalsschwer!

Dann nahm ich mir den Brief meines 12-jährigen Bruders Joel vor. „Auf keinen Fall wird er auch mit diesem Ehe-Quatsch anfangen", sagte ich mir. Falsch gedacht. Unter den Brief setzte er ein PS: „Ich finde es super, mit dir das Zimmer zu teilen, denn ich weiß, dass du es bald mit jemand anderem teilen wirst."

Ich platzte fast vor Lachen. Meine Mutter wartete und betete, mein Vater nahm an, dass ich sie bald treffen werde, und mein kleiner Bruder machte bereits Anspielungen auf meine Hochzeitsnacht! Als ich 18, 19 und 20 wurde, hat kein Mensch von Hochzeit gesprochen. Jetzt aber war es scheinbar *das* Thema! Man konnte fast annehmen, meine Familie hätte sich heimlich zusammengesetzt, um einen Plan auszuhecken, wie man mich am schnellsten unter die Haube bringen könnte!

Was jetzt?

Meine Eltern erinnerten mich in ihren Briefen daran, dass ein neuer Abschnitt meines Lebens begonnen hatte. Eine Hochzeit war jetzt so langsam nicht mehr völlig ausgeschlossen. Wenn Gott mir die richtige Frau über den Weg laufen ließe, könnte ich inzwischen (theoretisch gesehen jedenfalls) diesen Schritt gehen.

Einerseits eine tolle Vorstellung, andererseits auch etwas verwirrend. Gott hat mir die richtige Person nämlich ja dummerweise noch *nicht* hingestellt. Hey, Leute, wenn ihr Mr. oder Mrs. Wonderful bereits getroffen habt und plant zu heiraten, dann stehen Probleme an wie gemeinsame Kontoführung oder Verteilung der Hausarbeit. Aber wenigstens wisst ihr, was zu tun ist. Ihr habt euren Weg festgelegt. Bei mir ist er noch ziemlich unsicher.

Wenn du dich mit mir identifizieren kannst, fragst du so wie ich: Bisher war es einfach unrealistisch, mich fest zu binden, aber jetzt sieht das langsam anders aus. Sollte ich nun, nur weil ich im heiratsfähigen Alter bin, in erster Linie meinen zukünftigen Partner suchen? Geh ich davon aus, schon bald verheiratet zu sein, oder lehne ich mich entspannt zurück, als ob mich dieses Thema gar nichts angeht? Was soll ich denn bitte schön *jetzt* tun?!

Nutz die Wartezeit

Zum Glück gibt es Antworten auf diese Fragen. Ein paar Anleitungen habe ich im Brief an die Epheser aufgespürt. Da schreibt Paulus: „Achtet also sorgfältig darauf, wie ihr euer Leben führt, nicht töricht, sondern klug. Nutzt die Zeit, denn die Tage sind böse" (Epheser 5,15–16). In einer anderen Bibelübersetzung heißt es: „Darum achtet auf eure Lebensweise. Lebt nicht wie Unwissende, sondern wie Menschen, die wissen, worauf es ankommt, und deshalb ihre Zeit in der rechten Weise nutzen" (Epheser 5,15–16).*

Meine Mutter sagt immer: „Nutze deine Zeit." Wenn wir in der Küche rumstehen und hier und da mal ein bisschen naschen, während sie kocht, kommt sofort die energische Aufforderung: „Steh nicht nur rum, tu was!" Das heißt zum Beispiel Tisch decken, Einkäufe wegpacken oder die Spülmaschine einräumen – einfach produktiv sein.

Meine Mutter kann Zeitverschwendung nicht ab. Ich denke, Gott ist da nicht anders. Er hat uns Begabungen gegeben und traut uns zu, dass wir sie sinnvoll einsetzen und gut auf sie aufpassen. Können wir ihm zurückgeben,

* Die Gute Nachricht

was er in uns investiert hat? Auch wenn wir keine Ahnung haben, was unser Liebesleben uns in der nächsten Zeit bringt – es bleibt eine Menge zu tun. Wir haben genug schlechte Gewohnheiten, von denen wir uns trennen sollten, und gute, die wir ausbauen müssen; wir müssen an unserer Persönlichkeit arbeiten. Packen wir's an!

Denn eins steht fest: Wir dürfen auf keinen Fall zulassen, dass die Dinge, die wir *nicht wissen* (zum Beispiel wen und wann wir heiraten werden) uns davon abhalten, das zu tun, was wir *wissen*.

Und was wissen wir? Zum Beispiel, dass wir heute mit viel Energie an unserer Reife und an unseren Einstellungen, die denen von Jesus ähnlich werden sollen, arbeiten können. Das ist die Aufgabe jedes Christen, unabhängig davon, ob er schon nächste Woche vor den Altar treten wird oder erst in zehn Jahren (oder gar nicht, schluck!).

Unser Motto sollte sein: „Nutze die Zeit!" Dann holen wir nämlich aus jedem Moment das Maximum heraus und bereiten uns gleichzeitig auf unseren nächsten Lebensabschnitt vor. Wenn wir jetzt im Kleinen treu und konsequent sind, können wir später Großes erreichen.

Was einem so alles beim Kamele tränken passieren kann

Im Alten Testament wird die Geschichte der jungen Rebekka erzählt, die verantwortungsbewusst ihre langweiligen täglichen Pflichten erfüllt. Wir können einiges von ihr lernen, wenn wir uns anschauen, wie sie sich auf die Ehe vorbereitete, wie sie ihren zukünftigen Mann traf und später heiratete.

Die Geschichte beginnt damit, dass Abraham seinen ältesten und treuesten Diener in seine Heimatstadt ausschickt, um eine Frau für seinen Sohn Isaak zu finden. Catherine Vos erzählt das folgendermaßen:

Nach ein paar Tagen erreichte der Diener die Stadt Haran, in der Abrahams Bruder Nahor lebte. Außerhalb der Stadt lag ein Brunnen. In einer so trockenen Gegend gab es häufig nur einen einzigen Brunnen für die ganze Stadt. Jeden Abend kamen die jungen Frauen mit Wasserkrügen auf dem Kopf hierher, um sie in dem Schacht hinunterzulassen und mit frischem Wasser für ihre Familien zu füllen.

Als Abrahams Diener in Haran ankam, band er seine Kamele in der Nähe des Brunnens fest. Es war Abend, die Zeit, in der die Frauen zum Brunnen kamen.

Der Diener fragte sich: „Wie soll ich herausfinden, welche Frau Gott für Isaak auserwählt hat?" Er kniete sich neben den Brunnen, neigte den Kopf und betete: „Herr, Gott meines Herrn Abraham, hilf mir! Kommt ein Mädchen aus der Stadt heraus, um Wasser zu schöpfen, werde ich sagen: ‚Gib mir doch bitte aus deinem Krug ein wenig Wasser zu trinken.' Sagt sie dann zu mir: ‚Trink nur! Und ich werde auch Wasser für deine Kamele schöpfen', so soll das die Frau sein, die du für Isaak bestimmt hast."

Oft beantwortet Gott unsere Gebete schon, bevor wir sie überhaupt ausgesprochen haben – so war es auch dieses Mal. Bevor der Diener sein Gebet beendete, kam auch schon eine hübsche junge Frau auf ihn zu. Er überlegte: „Ist sie das?" Er sprach sie an: „Gib mir doch bitte etwas zu trinken!"

Sie setzte ihren Krug ab und antwortete: „Trink nur! Auch deine Kamele will ich tränken!" Und sie schöpfte so lange frisches Wasser, bis die Kamele satt waren (was ziemlich lange dauern kann!).

Der Diener war überrascht, dass alles genauso ablief, wie er gebetet hatte. Wurde sein Gebet so schnell erhört? Als sie mit dem Tränken fertig war, gab er ihr einen kostbaren goldenen Ring und zwei Armreifen, die er mitgebracht hatte.

Er fragte sie: „Wessen Tochter bist du? Hat dein Vater genug Platz, um mich zu beherbergen?"

Sie antwortete: „Ich bin Nahors Enkeltochter, und wir haben ausreichend Platz für dich und die Kamele." Nahor war Abrahams Bruder. Als der Diener das hörte, freute er sich und verneigte sich vor dem Herrn: „Gesegnet sei der Herr, der Gott meines Herrn Abraham, der mich zielstrebig zur Familie meines Herrn geführt hat."

Am Ende der Geschichte (du kannst sie in 1. Mose 24 nachlesen) heißt es, dass Rebekka nach zwei Tagen mit Abrahams Diener fortzog, um Isaak zu heiraten – einen Mann, den sie überhaupt nicht kannte. Diese Geschichte ist ganz schön beeindruckend, finde ich. Selbst zu dieser Zeit war das etwas Außergewöhnliches, und erst recht für uns heute, mehrere tausend Jahre später in einer völlig anderen Gesellschaft. Wir bekommen aus der Bibel eine Lektion, die Zeit und gesellschaftliche Gegebenheiten einfach überspringt.

Es war für Rebekka selbstverständlich, an diesem Abend zum Brunnen zu gehen. Sie tat es jeden Tag; es war eine notwendige, aber auch langweilige und anstrengende Arbeit. Und wahrscheinlich tränkte sie mehr als nur ein paar Kamele. Obwohl ihre Aufgabe nicht außergewöhnlich war, verrichtete Rebekka sie zügig und war bereit, dann noch anderen zu helfen. Sie war zur richtigen Zeit am richtigen Ort mit der richtigen Haltung. Gott konnte sie mit Isaak zusammenbringen.

Obwohl wir Rebekkas Geschichte vermutlich nicht unbedingt nachahmen wollen, können wir doch von ihrer Einstellung und von ihrem Verhalten einiges lernen. Dieses „göttliche Treffen" kam nur zustande, weil Rebekka ihre Aufgaben pflichtbewusst ausführte.

 *Wir haben alle unsere eigenen Kamele, die wir so jeden Tag tränken müssen. Häufig scheinen uns alltägliche Beziehungen oder Verantwortungen, die wir tragen, selbstverständlich, und wir übersehen, wie wichtig eine treue Haltung in diesen Bereichen ist. Wenn wir auf Zack sind und hier pflichtbewusst an die Sachen rangehen, ver-*

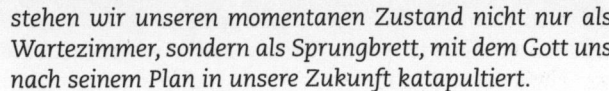

stehen wir unseren momentanen Zustand nicht nur als Wartezimmer, sondern als Sprungbrett, mit dem Gott uns nach seinem Plan in unsere Zukunft katapultiert.

Training ist angesagt

Überdenk deine momentane Einstellung. Bist du so damit beschäftigt, von der großen Liebe und der Zukunft zu träumen, dass du die Verantwortung, die du als Sohn, Tochter, Enkelkind, Bruder oder Schwester, Freund oder Freundin und Christ hast, nicht wahrnimmst? Oder nutzt du die Zeit und übernimmst verantwortlich die Aufgaben, die Gott dir augenblicklich übertragen hat?

Wir können unsere gegenwärtigen Aufgaben nicht ignorieren und gleichzeitig erwarten, dass wir auf wundersame Weise Charakterstärke und tolle Eigenschaften entwickeln, die uns zu guten Ehemännern und Ehefrauen werden lassen. Wenn wir schon heute in unseren Beziehungen ein gutes Verhalten einüben, werden wir auch in der Ehe treu, ehrlich und zuverlässig sein. So was kommt nicht von selbst. Wie für eine Sportart muss man trainieren, wenn man etwas erreichen will.

Ich möchte eines Tages ein Ehemann sein, der Gott gefällt. Ich möchte meine Frau unterstützen, sie lieben, sie respektieren und sie beschützen. Wie kann ich das trainieren? Ich glaube, Gott hat mir zum Beispiel eine Mutter und eine Schwester geschenkt, um die Spezies Frau etwas besser verstehen zu lernen. Wenn ich jetzt nicht in der Lage bin, meine Mutter und meine Schwester zu lieben und ihnen zu helfen, wie käme ich dann auf die Idee, dass ich später meine Frau lieben und ihr helfen kann? Ich muss jetzt üben. Das Gleiche gilt für Mädchen und ihren Umgang mit Vätern und Brüdern. Sie können den Umgang mit den männlichen Wesen an ihrer Seite als Übungsfeld sehen, auf dem sie ihre Fähigkeiten trainieren können, ihren zukünftigen Ehemann zu lieben und zu respektieren.

Mit dem Tag der Hochzeit werden wir ja nicht postwendend zu einer ganz neuen Person. Wenn du an einem Wettkampf teilnehmen willst, fängst du auch nicht erst am Tag X an zu trainieren. Du hast deine Kondition und deine Fähigkeiten systematisch über einen längeren Zeitraum aufgebaut. Wir müssen jetzt das einüben, was wir in der Zukunft sein möchten!

Lass uns ein paar Bereiche unter die Lupe nehmen, in denen wir jetzt schon an uns arbeiten können, solange wir noch Singles sind.

Nähe trainieren

Mit verfrühter körperlicher Nähe wollen wir zwar vorsichtig sein, aber innerliche Nähe müssen wir trotzdem einüben. Und das Fitnessstudio hierfür sind unsere Familien. Gott hat uns das Umfeld der Familie geschenkt, damit wir lernen können, wie man mit andern Menschen umgeht, die uns sehr nahe stehen.

Einer guten Freundin von mir war klar, dass sie ihren Eltern gegenüber ein ganz schlechtes Verhalten an den Tag legte. Immer, wenn sie mit ihr reden wollten, machte sie dicht und ließ sie nicht an sich ran. „Dann habe ich es irgendwann gerafft", erzählte sie mir. „Wenn ich jetzt die Menschen, die mir am nächsten stehen, nicht an meinem Leben teilhaben lasse, werde ich eines Tages mit meinem Ehemann genauso umgehen." Sie beschloss, dieses Verhalten zu ändern und bemüht sich jetzt um eine tiefe, ehrliche Freundschaft mit ihren Eltern. Sie zieht sich nicht sofort nach dem Abendessen in ihr Zimmer zurück, sondern bleibt im Wohnzimmer und quatscht mit ihnen. Anstatt sie aus ihrem Leben auszugrenzen, lädt sie ihre Eltern jetzt ein, daran teilzuhaben. Das durchzuziehen war anfangs nicht leicht, aber langsam bauen die drei eine richtige Beziehung auf, und sie lernt jetzt, was sie später braucht, um eine gute Ehepartnerin zu sein.

Mit anderen zusammen Gott erleben
Ein frisch verheirateter Freund erzählte, dass er es sich angewöhnt hatte, morgens ganz ungestört seine Stille Zeit zu machen. Jetzt, nach der Hochzeit, mussten seine Frau und er die gemeinsame Zeit mit Gott koordinieren. „Ich hatte überhaupt keine Ahnung, wie schwer es einmal sein würde, zwei geistliche Leben unter einen Hut zu bringen!"

Jeder von uns muss seine eigene, lebendige, tiefer werdende Beziehung mit Gott pflegen. Dazu gehören Beten, Bibellesen, über einen bestimmten Vers auch mal intensiver nachzudenken, aber auch die Mitarbeit in einer Kirche. Um für den Ehealltag gerüstet zu sein, müssen wir unbedingt üben, Gott in Gemeinschaft mit anderen zu erleben. Du kannst zum Beispiel erst einmal mit deiner Familie anfangen. Du könntest auch mit Freunden aus der Kirche, bei denen nicht die Gefahr besteht, dass du dich in eine/n von ihnen verknallst, zusammen beten und gemeinsam die Bibel lesen. Lerne, das, was Gott dir vermittelt hat, anderen mitzuteilen.

Lerne, mit jemandem zusammen zu beten. Gib ehrlich deine Schwächen zu und bitte Gott, dir jemanden zu schicken, dem du ganz offen dein Herz ausschütten kannst und der dich auf deinem Glaubensweg begleitet. Das nennt man Gemeinschaft, und wenn du sie nicht einübst, wirst du nie die totale Gemeinschaft mit deinem Ehepartner erreichen, die es erst so richtig bringt.

Neulich haben wir mit ein paar Leuten eine Bergwanderung gemacht, und nachher kam die ganze Gruppe – ein Junge und drei Mädchen – noch mit zu mir nach Hause, um gemütlich zu relaxen und zu quatschen. Dann erzählte ein Mädchen, wie Gott ihr verschiedene Punkte gezeigt hatte, in denen sie mit Gehorsam Schwierigkeiten hatte. Ihre Offenheit führte dazu, dass wir uns alle ganz spontan an den Händen fassten und zusammen für die Dinge beteten, die uns zurzeit beschäftigten. Es war keine gezwungen, unnatürliche „Wir-müssen-mal-wieder-fromm-sein"-Situation. Wir haben einfach nur ehrlich über das gesprochen, was uns bewegt und was in unserem Leben am wichtigsten ist – Jesus. Das ist ein tolles Beispiel für sinnvoll genutzte Zeit. Wir haben uns nicht nur gegenseitig ermutigt, sondern auch gelernt, wie man gemeinsam vor Gott tritt. Diese Spontaneität und die Fähigkeit, offen und ehrlich über geistliche Dinge zu sprechen, wird uns eines Tages in unserer Ehe enorm guttun.

Finanzielle Verantwortung übernehmen
Wir müssen nicht nur lernen, wie man Geld verdient und für sich selbst sorgt, wir müssen auch lernen, wie man verantwortungsbewusst mit Geld umgeht. Noch haben wir die Gelegenheit zu üben, wie man vernünftig haushaltet, Geld zurücklegt und regelmäßig den Zehnten spendet.

Meine Eltern haben eine Zeit lang zwei anderen Freunden und mir richtig antrainiert, wie wir sorgsam mit Geld umgehen können. Eine unserer Aufgaben bestand darin, jeden Betrag, den wir in einer Woche ausgaben, aufzuschreiben. Das hat ganz schön was gebracht! Ich hatte vorher überhaupt keine Ahnung, wie viel Geld ich fürs Essengehen verpulvert habe. Ich esse immer noch gerne in Restaurants, aber jetzt habe ich mir ein monatliches Limit gesetzt. Mein einer Freund stellte plötzlich fest, dass er einen immensen Teil seines Gehalts, das er in einem Klamottengeschäft verdiente, gleich wieder für neue Klamotten liegen ließ! Er kauft jetzt weniger, um mehr zu sparen und abzugeben.

Weil wir als Singles nicht so viele finanzielle Verpflichtungen wie z. B. ein Ehepaar haben, gehen wir viel lockerer mit Geld um. Aber weil wir das Geld – wie alle guten Gaben – letztlich indirekt von Gott erhalten, sollten wir schon jetzt verantwortungsbewusst damit haushalten, um für später gewappnet zu sein.

Es geht nicht nur darum, wie man Geld verwaltet, das Konto führt und die Auto- und Krankenversicherung zahlt – es geht um eine eigene Philosophie für die Verwaltung unserer Finanzen. Welchen Lebensstil hat Gott für uns vorgesehen? Wie denkt er über Geld und Besitz? Behandeln wir diese Fragen oberflächlich, kann es zu großen Schwierigkeiten in einer Ehe führen, und wir bedauern später unser Streben nach den falschen Dingen.

Es gibt diverse gute Bücher über den Umgang mit Geld, die dir Anregungen für deine ganz persönliche Moneten-Philosophie geben können.

Ein guter Vater oder eine gute Mutter sein
Kinder sind kein Risikofaktor in einer Ehe – sie sind eine Belohnung! Wollen wir später mal richtg gute Eltern sein, dann sollten wir früh anfangen, dafür zu trainieren. Wir können unsere gegenwärtigen Beziehungen nutzen, um zu üben. Gott hat mich mit vier jüngeren Geschwistern zwischen zwei und dreizehn gesegnet. Vater zu sein ist natürlich etwas ganz anderes als Bruder zu sein, aber es ergibt sich schon mal die Möglichkeit, ‚Vater zu spielen'. Ich verbringe viel Zeit mit meinen Geschwistern, nehme sie häufig mit, wenn ich etwas unternehme und versuche, sie insgesamt auf ihrem Weg weiterzubringen. Im Windelnwechseln, Füttern, Waschen und Anziehen meiner Geschwister bin ich fast schon ein Meister und kann erahnen, wie es ist, Kinder zu haben.

Schau dich nach Möglichkeiten um, jetzt zu lernen und zu üben, egal, ob du selber jüngere Geschwister hast oder nicht. So macht es zum Beispiel Jeanne, eine gute Freundin von mir: Sie ist in ihrer Familie das Nesthäkchen und hatte nie kleinere Geschwister um sich. Um diese Erfahrungslücke zu stopfen, hilft sie freiwillig einer Mutter mit sieben Kindern, ohne Bezahlung. Einmal in der Woche besucht sie diese Familie und hilft überall, wo Not am Mann ist: Sie passt auf die Kinder auf, kocht, wäscht und putzt.

Gut ist es auch, andere Eltern zu beobachten. Vielleicht sieht es bei dir zu Hause nicht so rosig aus; dann such dir in deiner Kirche ein Elternpaar als Beispiel. Ein Freund von mir beobachtet sehr genau Väter, die so sind, wie er selbst einmal werden möchte. Er fragt sich selber: „Was machen diese Männer anders? Wie wichtig ist diesen Männer Disziplin? Wie erklären sie ihren Kindern etwas?" Obwohl er natürlich kein Diplom dafür bekommt, habe ich das Gefühl, dass sich diese „Studien" einmal auszahlen werden – wenn er vor der großen Aufgabe steht, selbst Vater zu sein.

Praktische Fähigkeiten trainieren

Was sind denn bitte schön praktische Fähigkeiten? Frag mal deine Eltern, was es im Haus alles zu tun gibt – einschließlich Dinge wie Einkaufen, Essensplan aufstellen und Kochen –, dann weißt du bald Bescheid.

Diese Aufgaben sind nicht gerade spannend, aber sie sind ein wichtiger Bestandteil, wenn man einen Haushalt führen will, und es gibt keine Entschuldigung, warum wir hier nicht auch fit sein sollten. Und wie heißt es so schön: Übung macht den Meister! Vor ein paar Jahren übertrug mir meine Mutter die Aufgabe, alle Einkäufe für die Familie zu machen. Außerdem musste ich einmal pro Woche kochen. Anfangs waren meine „Kreationen" bestimmt nicht immer das, was sich meine Familie wünschte, aber mit der Zeit wurde es besser und essbarer.

Ich bin jetzt kein blutiger Anfänger mehr, wenn es um Küchenarbeit geht ... allerdings habe ich mit Ordnung noch so meine Probleme. Hast du auch Schwachpunkte? Wir sollten an ihnen arbeiten! Wenn du nicht weißt, wie du sie ganz praktisch in Angriff nehmen kannst, setze dich mit deiner Familie, einem guten Freund oder einer guten Freundin zusammen und bitte sie, die wichtigsten Punkte aufzulisten, die man ihrer Meinung nach können sollte, um einen Haushalt erfolgreich zu managen. Entwickle deinen Plan, wie du an jedem einzelnen Punkt arbeiten kannst.

Nicht die Ehe ist das Ziel!

Vielleicht habe ich im letzten Abschnitt einen wunden Punkt bei dir getroffen. Fallen dir Sachen ein, mit denen du deine Zeit sinnvoll und produktiv verbringst und Gott damit eine Freude bereitest? Was könntest du heute noch machen?

Wir können uns alle frei entscheiden, wie wir uns auf die Ehe vorbereiten, wenn Gott sie für uns vorgesehen hat. Rufe dir noch mal die wirklichen Gründe für diese Vorbereitung ins Gedächtnis. Uns für die Ehe zu rüsten ist nur ein Nebeneffekt von unserem Bemühen, an Reife zuzunehmen und immer mehr wie Jesus zu werden. Heiraten ist die Kür, aber Jesus ähnlicher zu werden die Pflicht! Ich möchte uns ermuntern, alles dranzusetzen, damit wir mehr Liebe, eine ehrenhafte Haltung, Geduld, die Bereitschaft zu vergeben und vor allem Verantwortungsbewusstsein bekommen.

 Für uns Singles gehören hierzu auch Eigenschaften, die wir später in unserer Ehe brauchen. Aber die Ehe ist nicht alles, sie ist nicht das Ziel. Die Statistiken zeigen, dass die meisten von uns vermutlich mal heiraten werden. Aber wir müssen uns im Klaren sein, dass wir die Zeit jetzt nutzen müssen, um Gott zu folgen – nicht um Pluspunkte einzuheimsen, um eines Tages sozusagen als Belohnung heiraten zu dürfen. Die Entwicklung unserer Persönlichkeit dient in erster Linie dazu, für Gott so gut einsetzbar wie nur möglich zu werden, und zwar ganz egal, was er für unsere Zukunft geplant hat. Die biologischen Uhren können so lange ticken, wie sie wollen! Nutze die Zeit – heute!

13. Reif für die Kiste?

Ehe ohne rosarote Brille

Während der Schulzeit hatte ich ein Jahr lang eine kleine Produktionsfirma – ich filmte Hochzeiten. Die Arbeit war, mal ganz positiv ausgedrückt, eine interessante Erfahrung.

Ein Pärchen engagierte mich für die Hochzeitsaufnahmen, damit sie sich später an jedes kleinste Detail dieses besonderen Tages erinnern konnten. Ich kam mehrere Stunden vor der Trauung in der Kirche an, beladen mit Kamera, Scheinwerfern, Stativ und einem kleinen Mischpult. Ich verbrachte den ganzen Tag mit Filmen. Ich war ständig mittendrin, um auch ja jeden Augenblick festzuhalten. Ich filmte die Brautjungfern, die nervös den Schleier der Braut zurechtzupften, und den Bräutigam, wie er sich mit seinem besten Freund unterhielt. Während der Trauung nahm ich die Musik auf, die brennenden Kerzen und natürlich: das Ja-Wort. Im richtigen Moment – zoom – filmte ich den Kuss in Großaufnahme.

Während der anschließenden Hochzeitsfeier verewigte ich Gäste, die sich mit Appetithäppchen vollstopften und Sekt tranken. Ich war beim Anschneiden der Hochzeitstorte vor Ort und natürlich, als der Brautstrauß geworfen wurde. Als das Paar unter einem Regen aus Reis zu dem wartenden Auto ging und davonbrauste, machte ich die letzten Aufnahmen. (Ein Hochzeitspaar verlangte sogar, dass ich mit zum Flughafen fuhr, um sie beim Einstieg ins Flugzeug zu filmen ... sie trug immer noch ihr Hochzeitskleid und er seinen Smoking!)

Die richtige Arbeit erwartete mich dann aber erst *nach* der Hochzeit. Ich verbrachte Tage vor dem Monitor, um die stundenlangen Aufzeichnungen zu einem nahtlosen, runden Sechzig-Minuten-Film zusammenzuschneiden. Ich schnitt alle schlechten Aufnahmen heraus, um ein perfektes Ergebnis zu haben.

Wenn du diesen Film anschaust, ohne zu wissen, wo ich überall vorgespult, manipuliert und geschnitten habe, denkst du, die Hochzeit wäre reibungslos abgelaufen. Du wüsstest nicht, dass sich die Brautmutter und die Schwester ganz schön darüber ankeiften, wie der Schleier gesteckt sein sollte; dass der Smoking fast zu spät geliefert wurde oder dass ein kleiner Neffe mit seiner ganzen Hand in der Bowle herumpanschte. In einem zusammengeschnittenen Video läuft alles problemlos, die Braut und der Bräutigam sehen aus wie die Stars in ihrem eigenen Film, und die stimmungsvolle Hintergrundmusik lässt alles wie im Märchen erscheinen.

Es ist wunderschön und romantisch – aber es entspricht nicht der Realität.

Eine unrealistische Vorstellung von der Ehe

Viele Jugendliche haben diese eingeschränkte, unrealistische Vorstellung von Ehe, wie sie in so einem Video rüberkommt. Sie denken, dass im Eheleben ein märchenhafter Moment dem anderen folgt und dass die alltäglichen Einstellungen alle sorgfältig rausgeschnitten werden.

Eine Freundin erzählte mir, dass die Mädchen in ihrem College-Wohnheim stundenlang über irgendwelchen Braut-Magazinen hingen. Sie suchten die schönsten Kleider für die Braut und die Brautjungfern heraus und verglichen Verlobungsringe. Meine Bekannte war richtig sauer darüber, dass die Mädchen so viel Zeit und Energie in etwas steckten, was in Wirklichkeit nur einen kleinen Teil von Ehe ausmacht. „Ehe ist viel mehr als nur eine

Hochzeitsfeier", schreiben Gary und Betsy Ricucci in ihrem Buch *Love that Lasts* (wörtl. „Liebe, die bestehen bleibt").

„Die Hochzeit ist ein Ereignis, die Ehe ist ein Zustand. Sie ist keine einmalige Handlung, sondern ein lebenslängliches Miteinander, an dem man arbeiten muss, um es zu erhalten."

Wir können nur hoffen, dass diese Mädchen auch daran denken, was *nach* dem großen Fest kommt. Werden sie für den Ehealltag gerüstet sein?

Wir Jungs sind da übrigens nicht besser. Ich muss beschämt zugeben, dass ich Ehe fast automatisch mit Sex gleichsetze. Wenn ich mir vorstelle, verheiratet zu sein, sehe ich mich sofort mit meiner Frau im Bett. Als ob das alles wäre, was ein verheiratetes Pärchen tut! Ja, Ehepaare haben natürlich Sex, und es ist auch absolut o. k., sich auf diese tolle Seite einer Ehe zu freuen, aber das sollte eben nicht alles sein. Fixiere ich mich auf diesen Gedanken, dass Sex das Wichtigste in der Ehe ist, schließe ich eines Tages den Bund fürs Leben unter falschen Vorzeichen und werde höchstwahrscheinlich ziemlich enttäuscht sein. Ich will unbedingt mit ihr ins Bett – aber will ich auch die gesamte andere Verantwortung übernehmen?

Wie ist es bei dir? Konzentrierst du dich auch auf eine bestimmte Facette der Ehe und klammerst die anderen aus? Oder bemühst du dich, die Ehe als Ganzes zu sehen und bereitest dich auf alles vor, was das erfordern wird?

Gründliche Überlegungen

Als Singles sollten wir wissen und verstehen, wie Gott die Ehe geplant hat. Eine alte Hochzeitspredigt sagt, wie Ehe nicht sein sollte: „Die Ehe soll *nicht* leichtfertig und ausschweifend sein, um des Menschen fleischliche Lust und Wünsche zu befriedigen, sondern wertschätzend, rücksichtsvoll, durchdacht und vernünftig. Wir sollen Gott fürchten und gründlich überlegen, warum es die Ehe gibt."

Was soll die Ehe für uns sein? Laut dieser Predigt soll sie voller Wertschätzung, Rücksichtnahme, Nachdenken und Vernunft sein. Diese Begriffe bedeuten eine ganze Menge und geben uns ein eindeutiges großes Bild von der Ehe. Wertschätzung bedeutet „Achtung und Anerkennung", Rücksichtnahme bedeutet „die Bedürfnisse des anderen wahrnehmen". Etwas überlegt zu tun, heißt „genau durchdenken". Und etwas „vernünftig" angehen steht für „ausgeglichen, ohne Ungeduld und falsche Leidenschaft oder Vorurteile zu sein".

Denken wir an diese Eigenschaften, wenn uns das Wörtchen „Ehe" in den Kopf kommt? Viel zu oft lautet die Antwort „Nein". Es gibt viele Leute, die ein Pärchen ermutigt haben zu heiraten, weil sie bestimmt „süße Kinder" bekommen würden. Mag ja sein, aber wenn das ein Heiratsgrund ist, schätzen wir den Wert der Ehe falsch ein. Weg mit der Vorstellung, die Ehe wäre ein Spiel, in dem es darum geht, ein möglichst schnuckeliges Pärchen abzugeben!

Lass uns der Realität ins Auge sehen, Gottes Idee dahinter verstehen und uns der Verantwortung für so einen „Zweierklub" bewusst werden. Zum Glück macht die Bibel zu diesen beiden Punkten klare Aussagen. Die Ricuccis schreiben in *Love that Lasts*: „In der Bibel findet man sehr schnell mehr über die Einstellung Gottes zu dieser besonders heiligen und bedeutenden Beziehung." Ich habe ihre Erlaubnis, den Abschnitt mit der Antwort auf die Frage „Was ist Ehe?" zu übernehmen (und ein bisschen für Singles auszulegen):

DIE EHE IST DIE ERSTE INSTITUTION ÜBERHAUPT (Genesis 2, 22–24). Es gab sie schon vor der Entstehung von Familien, von Regierungen – sogar vor der Kirche.

DIE EHE STEHT SINNBILDLICH FÜR DIE ÜBERNATÜRLICHE VERBINDUNG ZWISCHEN JESUS UND SEINER GEMEINDE (Epheser

5,31–32). Die Ehe ist das schönste Bild, das Gott benutzt, um seine Beziehung zu uns zu verdeutlichen. Die Bibel vergleicht das Zusammensein von „Braut und Bräutigam" mit der Beziehung, die Jesus mit der Gemeinde hat. Verstehen wir erst mal diese Analogie, können wir entweder begeistert oder ernüchtert sein. Unsere Mitmenschen sollen unsere Ehe beobachten und sagen: „Aha, das bedeutet es also, Gemeinschaft mit Jesus zu haben!"

Gott möchte Ehepaaren die gleiche große und bedingungslose Liebe füreinander schenken, wie er sie für uns empfindet. Die Ehe ist ein unergründliches und wunderbares Geheimnis – von Gott geschaffen, zu seiner Ehre.

DIE EHE IST EIN BÜNDNIS FÜR DIE EWIGKEIT (Offenbarung 19,7). Gott hatte mindestens zweitausend Jahre Zeit, Vorbereitungen für den letzten Tag seines Sohnes hier auf Erden zu treffen. Aber er hat nicht wie erwartet eine prunkvolle Krönung für Jesus geplant. Nein. Die Hochzeit war ihm wichtiger. Wieso keine Krönung, sondern eine Hochzeit? Die Antwort: Die Hochzeit und die Ehe verdeutlichen die Vereinigung und ein intimes Zusammensein besser als alles andere. Das Beste, was Gott für Jesus planen konnte, war, ihm seine strahlende Braut, die Gemeinde, zu übergeben. Kein Wunder, dass wir hin und weg sind, wenn eine schöne Braut in der Kirche zum Altar schreitet. Die Ehe ist ein heiliges und wunderbares Geschenk von Gott. Und eines Tages müssen wir Rechenschaft darüber ablegen, wie wir dieses Geschenk behandelt haben.

DIE EHE SOLL VON ALLEN IN EHREN GEHALTEN WERDEN (Hebräer 13, 4).

Die Bibel betont, dass die Ehe etwas ganz Kostbares, Hochwertiges und Einmaliges ist und besonderes geachtet werden soll. Ablehnende oder herabsetzende Gedanken sind ihr gegenüber nicht angebracht.

Dein zukünftiger Ehepartner ist nach Gottes Ebenbild geschaffen. Deine Ehe wird deshalb etwas Heiliges und ganz Besonderes sein.

Die Ricuccis ermuntern uns, dass wir „jede Gelegenheit nutzen sollen, den Wert einer Ehe zu betonen." Sie wenden sich mit diesem Aufruf zwar an verheiratete Paare, aber ich denke, wir Singles sind ebenfalls angesprochen.

Wie können wir uns einbringen? Ich habe vorher von den Mädchen erzählt, die bei dem Thema Ehe über das Vergleichen von Verlobungsringen und Brautkleidern nicht hinaussehen. Was hätte meine Bekannte zu diesem Zeitpunkt unternehmen können, um den tiefen Wert der Ehe zu betonen? Ohne der Begeisterung der Mädchen einen heftigen Dämpfer zu versetzen (schließlich haben sie das Recht, auf diesen großen Tag gespannt zu sein), hätte sie die Mädchen vorsichtig durch Fragen auf andere wichtige Aspekte der Ehe aufmerksam machen können: „Wie wollt ihr später eure Kinder erziehen? Was wollt ihr tun, damit zwischen euch und eurem Ehemann nicht irgendwann Funkstille herrscht?" Diese Art von Fragen kann helfen, die Ehe realistischer zu sehen.

Ich habe mir vorgenommen, nicht mehr den Mund zu halten, wenn meine Freunde wieder Sprüche ablassen wie: „Das Wichtigste in einer Ehe ist Sex". Schon als Single kann ich von der Ehe als etwas Wunderschönem reden, weil Gott sie geschaffen hat. Ich möchte nicht zulassen, dass ihr Wert von anderen in Frage gestellt wird und dass man abfällig über sie redet.

Wie kannst du andere ermutigen, dass sie Ehe als etwas Einmaliges und Schönes erkennen?

Die Bewährungsprobe

Dem letzten Punkt der Ricuccis sollten wir besondere Beachtung schenken. Sie schreiben:

Die Ehe ist ein Prozess. In jeder Ehe wird es Spannungen geben, und bei Streitigkeiten ist natürlich immer der andere schuld. „Würdest du bei dieser Hitze nicht ständig die Klimaanlage abschalten, müsste ich mich nicht aufregen!" Tatsache ist: Nicht dein Ehepartner macht dich ärgerlich. Die „dicke Luft" lässt nur deutlich werden, was bereits in deinem Herzen ist. Durch dein Gegenüber hält Gott dir einen großformatigen Spiegel vor. Würde Gott ein Karte dazulegen, stünde wohl drauf: „Glückwunsch! Diese Überraschung wird dir helfen zu entdecken, wie du wirklich bist!"

Aus der Distanz sehen wir Singles das Tolle und Groß-artige der Ehe und stellen uns vor, wie sehr sie uns wär-men wird. Das wird sie auch in vielerlei Hinsicht. Aber wir vergessen, dass Gott das Feuer nicht nur vorgesehen hat, damit wir uns gemütlich wärmen können, sondern damit die Flammen auch unseren Egoismus und unsere Sünden verzehren. Wir wollen uns an diesem Feuer nur schön die Hände wärmen, Gott will uns aber eigentlich mitten hineinwerfen, damit alles Schlechte verbrennt!

Eine Ehe muss nicht automatisch Ärger, Schmerz und Stress mit sich bringen. Aber es wird auch nicht nur Son-nenschein herrschen und totale persönliche Erfüllung geben. Wenn wir das nicht kapieren, werden wir von der Ehe höchstwahrscheinlich bitter enttäuscht sein. In sei-nem Buch *The Mystery of Marriage* (wörtl. „Das Geheimnis der Ehe") schreibt Mike Mason: „Die Ehe ist kein Plätzchen, wo sich faule Personen ausruhen können. Im Gegenteil: Die Ehe erfordert es, sich selbst bewusst und kompromiss-los hinzugeben ... Die Ehe erfordert viel Einsatz ... Sie ist ein radikaler Schritt und nichts für diejenigen, die unvor-bereitet sind und sich sträuben, den eigenen Willen aufzu-geben und diesen dem des anderen zu unterstellen."

Uns geht es bisher immer nur darum, dass wir in der Ehe etwas erhalten, aber nicht darum, dass wir in sie investieren. Wir müssen umdenken!

Das Kleingedruckte

Als einmal eine Leserin die unrealistischen Ehe-Vorstellungen von jungen Mädchen beklagte, gab die Kummerkastentante Ann Landers einen guten Tipp bezüglich der Arbeit, die eine Ehe erfordert:

„Ich habe den Mädchen von Alaska bis Mexiko die Wahrheit erzählt. Ich erkläre ihnen, dass alle Ehen glücklich sind. Es ist das Zusammenleben, das alles so schwer macht. Ich sage ihnen, dass eine gute Ehe kein Geschenk ist. Sie ist eine *Errungenschaft*. Ehe ist nichts für Kinder. Sie erfordert Mut und Reife. Das unterscheidet Männer von Jungen und Frauen von Mädchen. Ich sage ihnen, dass die Ehe jeden Tag aufs Neue die Bereitschaft fordert, Kompromisse einzugehen. Ob sie überlebt, hängt davon ab, ob man schlau genug ist zu wissen, wann man kämpfen muss und wann man es besser sein lässt. Ehe gibt – und noch wichtiger, sie vergibt. Meistens ist es die Frau, die das übernimmt. Und dann, als wäre es so schon nicht genug, muss sie bereit sein zu vergessen, was sie vergeben hat. Häufig ist das die größte Schwierigkeit.

Wenn sie meine Aussagen nicht verstehen, ist es um so schlimmer. Aber es liegt daran, dass sie sie nicht verstehen wollen.

Rosarote Brillen trüben den Blick, und das Kleingedruckte der Träume will niemand lesen."

 Bei dem Gedanken „Ehe" sehen wir nur die fesselnde Überschrift, aber das Kleingedruckte lassen wir völlig außer Acht. Soll eine Ehe funktionieren, braucht es viel Arbeit, Geduld, Selbstdisziplin, Opfer und die Bereitschaft zum Verzicht. Zusammengefasst: Mumm und Reife und das tiefe Verständnis, wie Gott sich das Ganze vorstellt. Nur wenn wir wirklich alles dransetzen und bereit sind, uns ganz und gar zu investieren, werden wir in einer Ehe glücklich und erfüllt sein.

Manns genug

Ich möchte dieses Kapitel mit einer Herausforderung an die Jungs unter euch schließen. Während Ann Landers den Mädchen rät, die rosarote Brille abzulegen und zu erkennen, dass Ehe Arbeit und Mühe erfordert, richtet sich das folgende Gedicht von Lena Lathrop besonders an die Männer. Ich kriege immer noch eine Gänsehaut, wenn ich es lese. Die Worte zeigen mir, wie aus dem unreifen Jungen Joshua ein Mann werden kann, der mit seiner Frau liebevoll umgeht. Einige Ausdrücke in dem Gedicht klingen vielleicht etwas altmodisch, aber die Aussage stimmt.

Weißt du, dass du nach der kostbarsten Sache fragtest,
die jemals aus der Hand über uns entstand?
Das Herz einer Frau, das Leben einer Frau –
und die wunderbare Liebe einer Frau.

Weißt du, dass du nach dieser unbezahlbaren Sache fragtest
wie ein Kind nach einem Spielzeug?
Verlangst nach etwas, für das andere ihr Leben ließen,
mit der Unbekümmertheit eines kleinen Jungen.

Du hast mir meine Pflichten aufgezeigt,
nach deiner Art hast du mich in Frage gestellt.
Jetzt bleib an der Tür meines Herzens,
bis ich dir einige Fragen gestellt habe.

Dass dein Essen immer heiß sei, erwartest du,
dass deine Socken und Hemden unversehrt;
ich erwarte, dass dein Herz so aufrichtig ist wie Gottes Sterne
und so rein wie sein Himmel deine Seele.

Eine Köchin für dein Essen erwartest du,
ich erwarte etwas viel Größeres;
eine Näherin willst du für Socken und Hemden –
einen Mann und einen König suche ich.

Einen König für das wunderschöne Reich,
das sich Zuhause nennt,
und einen Mann, dessen Schöpfer, sein Gott,
auf ihn schaut wie auf den ersten Mann
und sieht, dass seine Schöpfung gut war.

Ich bin schön und jung, aber die Frische meiner Wangen
wird eines Tages verblassen;
wirst du mich noch lieben mit den fallenden Blättern,
wie du es tatest in der Blüte des Mai?

Ist dein Herz wie ein Ozean, so stark und tief,
soll ich mich in seine Fluten stürzen?
Eine Liebende findet Himmel oder Hölle
am Tage, der sie zur Braut macht.

Ich erwarte alle Dinge, wahrhaftig und groß,
wie ein Mann sein sollte;
stehst du für all das, gebe ich mein Leben
um zu sein, was du erwartest.

Eine Wäscherin und Köchin
kannst du einstellen und gering entlohnen;
aber das Herz einer Frau und ihr Leben
werden dir so nie gehören.

Für die weiblichen Leser dieses Buches bete ich, dass dieses Gedicht euch daran erinnert, eure Ansprüche hochzuhalten. Verlangt nach dem „Wahrhaftigen und Großen". Bei aller Sehnsucht solltet ihr keinen einzigen Moment eure Ansprüche runterschrauben. Sollte das ein Mann von euch verlangen, rate ich euch, ihn nicht eine Sekunde ernsthaft als Partner in Betracht zu ziehen – reine Zeitverschwendung!

Den männlichen Lesern kann ich nur sagen, dass wir noch eine Menge zu tun haben. Ich wünsche mir, dass wir die Liebe einer Frau wirklich als etwas unendlich Kostbares und Unbezahlbares begreifen. Es ist keine Nebensache, kein Spielchen, ein Mädchen zu fragen, ob sie ihr Leben mit mir verbringen will. Bevor wir eines Tages die gewisse Frage stellen können, müssen wir aufrichtige Männer werden, Männer, deren Herzen Ozeane der Stärke und Aufrichtigkeit sind. Dann, und nur dann, können wir eine Frau bitten, uns zu heiraten!

14. Auf was kommt es mit 50 an?

Welche Eigenschaften soll unser Lebenspartner mitbringen?

Ehe bedeutet: Lebenslang zusammen sein! Weil mir zumindest ansatzweise klar ist, was das vermutlich bedeutet, frage ich mich immer wieder: „Welche Eigenschaften sollte meine Frau eigentlich haben?" Was wünschst du dir, wenn du daran denkst, den Rest deines Lebens mit nur einer Person zu verbringen? Wie sollte dein perfekter Partner sein?

Ich weiß, dass es auf viele wertvolle innere Werte ankommt, aber im alltäglichen Leben habe ich ehrlich gesagt meine Schwierigkeiten, über das Oberflächliche hinauszukommen. Betritt ein süßes Mädchen einen Raum, verlässt mich mein gesunder Menschenverstand. Wie oft habe ich mich selber zum Idioten gemacht, weil ich mich Hals über Kopf in ein Mädchen verknallt habe, nur weil es ziemlich gut aussah! Viel zu oft!

Damit mir das nicht wieder passiert, habe ich mir ein kleines Spiel ausgedacht. Treffe ich irgendwo ein hübsches Mädchen und laufe Gefahr, von ihrem Äußeren hin und weg zu sein, male ich mir aus, wie sie wohl mit 50 aussehen wird. (Ist sie in Begleitung ihrer Mutter, braucht man dafür nicht besonders viel Vorstellungskraft.) Vielleicht ist das Mädchen heute jung und superschön, aber was, wenn das nachlässt? Gibt es bei ihr innere Werte, die mich beeindrucken? Reizt mich ihr Charakter oder nur die Tatsache, dass ihr Sommerkleid äußerst viel sonnengebräunte Haut zeigt? Was, wenn nach zwei Schwangerschaften das Gewebe nicht mehr so straff ist und sie im Lauf der Zeit ein paar Pfunde zunimmt? Hat sie dann innere Eigenschaften, die mich faszinieren?

Dauerhafte Dinge

Unser Augenmerk darf nicht nur auf dem Oberflächlichen, der äußeren Erscheinung, der Kleidung und dem Auftreten liegen. „Gott sieht nicht auf das, worauf der Mensch sieht. Der Mensch sieht, was vor Augen ist, aber der Herr sieht das Herz", heißt es in 1. Samuel 16,7. Im Buch der Sprichwörter steht: „Trügerisch ist Anmut, vergänglich die Schönheit ..." Der gleiche Vers erklärt, dass derjenige Wertschätzung verdient, der „gottesfürchtig" ist.

Wir achten viel zu viel auf das Äußere. Gott möchte aber, dass wir auf die Dinge Wert legen, die beständig sind. Verhalten wir uns schlau in der Wahl unseres Partners, dann achten wir auf das Wichtigste – den Charakter und die Einstellungen eines Menschen.

In diesem Kapitel beleuchten wir mal die Eigenschaften unserer zukünftigen besseren Hälfte. Gleichzeitig müssen wir uns selbst fragen, ob *wir* diese Eigenschaften ebenfalls vorweisen können! Sei ganz ehrlich bei dieser Selbstbetrachtung. Es geht nicht nur darum, die richtige Person für uns zu *finden,* sondern vielmehr darum, selbst die richtige Person zu *werden!*

Charaktertypen

„Dein Charakter ist das, was übrigbleibt, wenn du im Dunkeln stehst und dich niemand außer Gott sieht", schreibt Randy Alcorn. „Jeder kann vor einem Publikum oder sogar vor Freunden ganz toll wirken. Es ist aber etwas anderes, völlig entblößt vor Gott zu stehen, der uns durch und durch kennt bis in unser tiefstes Inneres." Der wahre Charakter einer Person zeigt sich nicht in dem, was derjenige gerne vor anderen sein will – in der Show, die tagtäglich abgezogen wird –, und auch nicht in dem Ruf, den die Person hat. Der wahre Charakter wird deutlich in Entscheidungen, die dieser Mensch getroffen hat und jeden Tag aufs Neue trifft.

Um den wahren Charakter einer Person zu entdecken, brauchen wir schon viel Zeit und eine gehörige Portion Weisheit. William Davis schreibt: „Den Ruf einer Person kennt man nach nur einer Stunde, der wahre Charakter kommt erst nach einem Jahr ans Licht."

Ein kleiner Eindruck

Wollen wir wissen, wie jemand wirklich ist (uns selbst einbezogen), müssen wir drei Bereiche ganz besonders unter die Lupe nehmen: Wie verhält sich derjenige Gott gegenüber? Wie verhält er oder sie sich gegenüber anderen? Wie steht es mit seiner/ihrer Disziplin?

Diese drei Bereiche sind wie drei Fenster, durch die man in das Innere eines Menschen spicken kann. „So wie man das Sonnenlicht durch klitzekleine Ritzen erkennen kann, können viele Verhaltensweisen mehr über den wahren Charakter verraten", schreibt Samuel Smiles. „Der Charakter besteht nämlich in Wahrheit aus vielen Haltungen, die wir sorgsam und gewissenhaft pflegen."

Lass uns mal genauer hinschauen, um was es dabei geht.

1. *Welches Verhältnis hat die Person zu Gott?*
Die Beziehung des Menschen zu Gott sagt eine Menge über sein Leben aus. Ist sie gestört, werden alle anderen Beziehungen davon beeinflusst. Die Bibel sagt ganz klar, dass ein Christ keinen Ungläubigen als Eheparter in Betracht ziehen soll. „Beugt euch nicht mit Ungläubigen

unter das gleiche Joch!", formuliert es Paulus in 2. Korinther 6,14. Für beide, also für dich und deinen möglichen Ehepartner, ist eine dynamische, wachsende und persönliche Beziehung zu Jesus Christus angesagt. Die Frage lautet also nicht: „Seid ihr beide von euren Sünden befreit und errettet?" Sondern: „Seid ihr beide total begeistert von Jesus? Ist er die Nr.1, auch in eurer Beziehung?"

„Das ist einer dieser wunderbaren Widersprüche der biblischen Wahrheit", finden David Powlison und John Yenchko. „Wenn du so richtig verliebt bist und dein Partner für dich das Wichtigste auf der ganzen Welt ist, kann es in Selbstsucht, Angst, Bitterkeit und Ernüchterung enden. Liebst du aber Jesus mehr als alles andere, wirst du deinen Lebensgefährten tief lieben und genießen können, und du wirst dazu reif sein, dass man dich heiratet."

Bei einem Gespräch über feste Bindungen betonten zwei gläubige Mädchen, wie wichtig es ihnen ist, dass ein Junge total in Gott verliebt ist: „Das merkt man sofort", meinte Sarah. „Erzählt er dir von seiner Liebe zu Gott, weißt du, dass er sich durch nichts davon abbringen lässt."

Jayme stimmte zu: „Genau. Es ist witzig – die Jungs, die sich besonders viel Mühe geben, Mädchen zu beeindrucken, lassen mich völlig kalt."

Such dir einen ledigen Mann oder eine ledige Frau, die Gott von ganzem Herzen gefallen wollen, ihn über alles andere stellen – und versuch selbst so zu werden. Tu es nicht, um andere zu beeindrucken, sondern um Gott zu gefallen und ihn zu ehren. Dabei wirst du Leute treffen, die dieselbe Priorität in ihrem Leben setzen wie du.

2. *Welches Verhältnis hat die Person zu anderen Menschen?*
Beobachte, wie derjenige (und du) sich im Umgang mit anderen verhält, besonders mit folgenden Menschen:

AUTORITÄTSPERSONEN. Wie reagiert dein möglicher Partner auf Autorität? Respektiert er die Autorität seines Arbeitgebers oder seines Pastors, selbst wenn dieser eine andere Meinung vertritt? Ein junger Mann, der berechtigte Kritik nicht annimmt, wird sich an seinem Arbeitsplatz schwertun oder notwendige Zurechtweisungen des Pastors nicht beachten. Ein Mädchen, das ihren Lehrer oder ihren Trainer nicht als Autorität akzeptieren kann, wird später Schwierigkeiten haben, ihren Ehemann zu respektieren. Such dir jemanden, der die von Gott gegebene Autorität respektiert, und überprüf dich mit dessen Hilfe einmal selbst.

ELTERN. Bestimmt hast du den klugen Satz: „So, wie ein Junge seine Mutter behandelt, wird er auch seine Frau behandeln" schon mal gehört. Er stimmt. Das Gleiche gilt natürlich für Mädchen im Umgang mit ihren Vätern. Damit will ich jetzt nicht sagen, dass alle, die ein schlechtes Verhältnis zu ihrem Vater oder ihrer Mutter haben, keine glückliche Ehe führen können. Durch Gottes Gnade können wir alte Verhaltensmuster überwinden. Aber wir sollten uns fragen: „Wenn er nicht freundlich und liebevoll mit seiner Mutter umgeht, wieso glaube ich dann, dass er mich als seine Ehefrau anders behandeln wird?" Oder: „Wenn sie ihren Vater nicht respektiert, wird sie mich als ihren Ehemann dann später wertschätzen können?"

Wie sieht das bei dir aus? Hast du ein harmonisches Verhältnis zu deinen Eltern oder gibt es da noch viel zu tun? Suchst du nach ehrlichen Antworten? Dann frag mal deine Eltern, wie sie euer Verhältnis finden!

ANGEHÖRIGE DES ANDEREN GESCHLECHTS. Es gibt einen riesengroßen Unterschied zwischen genereller Freundlichkeit anderen Menschen gegenüber und Flirterei. Niemand will eine Flirtnudel oder einen Schäker heiraten. Jungs, wenn ein Mädchen ständig mit allen Jungs kokettiert und einen nach dem anderen anmacht – glaubt ihr wirklich, dass sie sich mit dem Tag der Hochzeit ernsthaft ändert? Mädels, wollt ihr einen Mann heiraten, der jedem Girl hinterherpfeift? Wie verhältst du dich? Wo müsstest du dich auf einer Freundschaft-Flirt-Skala einstufen?

Verlangt dein bisheriger Lebensstil einen Richtungwechsel?

FREUNDE. Der Freundeskreis hat einen riesigen Einfluss. Dabei ist nicht so wichtig, wie die Person Leute der Clique behandelt (obwohl das auch aufschlussreich sein kann!), sondern wer diese Freunde sind. Es gibt ein Sprichwort: „Zeig mir deine Freunde, und ich sage dir, wer du bist."

Welchen Umgang pflegt dein potenzieller Lebenspartner? Wie verhalten sich seine Freunde? Welche Wertvorstellungen haben sie? Ziehen sie von einer Party zur nächsten und tun nur, wonach ihnen halt gerade so ist? Das färbt ab. Jemand, der sich länger mit ihnen abgibt, wird seine Zeit genauso verbringen. Wie sieht das mit deinen Freunden aus? Ermutigen sie dich in deiner Beziehung mit Jesus? Oder ziehen dich deine Freunde eher runter? Unterschätz nicht den Einfluss, den enge Freunde ausüben!

3. Der Lebensstil

Der dritte Bereich für die Entdeckung des Charakters beschäftigt sich mit der Disziplin im Privatleben. „Gewohnheiten bestimmen einen großen Teil unseres Wesens", schreibt Charlotte Mason.

Dinge, die wir ganz automatisch tun, ohne groß nachzudenken, sprechen Bände über unseren Charakter. Es gibt Gewohnheiten, mit denen wir sündigen, und solche, mit denen wir eventuell andere nerven oder einfach schlechtes Benehmen zeigen. Jeder von uns hat so seine Eigenarten, die ein anderer ätzend oder ärgerlich findet. Mein Vater bringt beispielsweise meine Mutter mit der Art, wie er Maiskolben isst, fast um den Verstand. Es klingt wie eine alte Schreibmaschine – *hack, hack, hack, hack, ratsch! Hack, hack, hack, hack, ratsch, ratsch, ratsch.* Das sind nicht gerade die besten Tischmanieren, aber es hat nichts mit Sünde zu tun. Lass uns mal überlegen, ob unser potenzieller Partner (oder wir selber) Gewohnheiten an den Tag legt, die Gott gegenüber ungehorsam sind oder die für andere Menschen wirkliche Respektlosigkeit bedeuten.

Überleg dir, wie die Gepflogenheiten deines Auserkorenen (und deine eigenen) in den folgenden Bereichen aussehen:

ZEITEINTEILUNG. Elisabeth Elliot erzählte in einem Vortrag, dass ihr Mann Jim Elliot Bibelverse auswendig lernte, wenn er in der Warteschlange der Cafeteria stand. Diese Beobachtung zeigte ihr, dass Jim diszipliniert und effektiv war, und machte ihn ihr sympathisch.

Wie jemand seine Freizeit verbringt, verrät uns, was ihm wichtig ist. Klebt die Person etliche Stunden am Tag vor der Mattscheibe? Bildet sie sich weiter? Investiert sie in Freundschaften? Lässt sie sich von allem und jedem ablenken? Such dir jemanden, der seine Zeit sinnvoll ausfüllt (und sei selber so jemand).

UMGANG MIT GELD. Die Art und Weise, wie ein Mensch mit Geld umgeht, ist ein wichtiger Hinweis auf seinen Charakter. Andy wurde 19 und bat seine Freunde, zu seiner Geburtstagsfeier keine Geschenke, sondern lieber Geld mitzubringen. Er gab alles Geld dann einer Missionsgesellschaft. Wow, welch ein Held! Andys Haltung gegenüber materiellen Dingen zeugt von Mitgefühl, Liebe und Großzügigkeit. Definitiv ein beachtenswerter Typ, was?

Ist die Person, die du angepeilt hast, süchtig nach Markenklamotten, Autos oder anderen Konsumgütern? Überlegt sie, bevor sie etwas kauft, oder kauft sie impulsiv nach Lust und Laune und neigt zur Angeberei? Wie steht es bei dir? Der Umgang mit Geld sagt viel darüber aus, wie verantwortlich jemand lebt.

ÄUSSERES ERSCHEINUNGSBILD. Es steht uns nicht zu, jemandem Dinge anzukreiden, auf die er keinen Einfluss hat – zum Beispiel die Körpergröße, das generelle Aussehen und manchmal das Gewicht. Das Äußere ist nicht das Wichtigste. Dennoch können wir auch am äußeren Erscheinungsbild einiges über den Charakter erfahren.

Erstens, wie kleidet sich die Person? Ein Mädchen, das sich aufreizend anzieht, lenkt zwar Blicke auf sich, aber was sagt das schon über ihr Herz aus? Ein Typ, der Unsummen für modische Klamotten ausgibt, um „in" zu sein, ist wahrscheinlich übermäßig daran interessiert, was andere von ihm denken.

Zweitens, wie geht jemand mit seinem Körper um? Sind die Essgewohnheiten o. k.? Hat er oder sie ein vernünftiges und regelmäßiges Programm, um fit zu bleiben? Gott möchte, dass wir gesund und in Form sind, denn er hat unseren Körper „wunderbar geschaffen", als super funktionierendes Kunstwerk, das wir entsprechend pflegen sollten. Das soll nicht heißen, dass der Sport unser Leben diktieren darf. Jemand, der ständig an Kraftmaschinen seine Muskeln stählt, hat das Konzept genauso wenig verstanden, wie jemand, der überhaupt keinen Sport treibt.

Wo findest du dich auf dieser Skala wieder? An welchen Punkten muss sich was ändern?

Die Lebenseinstellung

Die Lebenseinstellung ist ein zweites wesentliches Kriterium bei der Wahl des Ehepartners. Sie ist sozusagen der Ausgangspunkt, wie er oder sie das Leben sieht und lebt. Für Christen bedeutet das mehr als „positives Denken". Eine Einstellung, die Gott gefällt, beinhaltet die volle Ausrichtung auf ihn und das Bemühen, uns, andere und unsere Lebensumstände aus Gottes Sicht zu sehen. Dazu gehören zum Beispiel folgende Punkte:

1. *Die Bereitschaft, Gott zu gehorchen*
Beachte bei der Suche nach einem Lebensgefährten, ob derjenige auf Gott hört und das Gehörte in die Tat umsetzt. Halte Ausschau nach jemanden mit Davids Ein-

stellung: „Ich eile und säume nicht, deine Gebote zu halten." Diese Bereitschaft wirkt sich auf alle Lebensbereiche aus. Ist die von dir auserwählte Person bereit, Gott immer mehr Bereiche ihres Lebens zu übergeben? Arbeitet er oder sie daran, alte Gewohnheiten abzulegen? Passt sich die Person den gesellschaftlichen Erwartungen an oder schwimmt sie gegen den Strom, um zu werden wie Jesus?

Arbeitest *du* an deiner Haltung Gott gegenüber? Du wirst nie perfekt sein oder den perfekten Partner finden, das ist klar! Aber wenn wir bereit sind, Gott zu gehorchen, werden wir ihm ähnlicher und gewinnen an Reife in unserem Leben.

2. Die Bereitschaft zur Demut

Bei einer demütigen Haltung haben die Bedürfnisse der anderen Vorrang. Die Bibel sagt: „Tut nichts aus Ehrgeiz und nichts aus Prahlerei. Sondern in Demut schätze einer den anderen höher ein als sich selbst" (Philipper 2,3). Haben bei der Person, die du in Betracht ziehst, andere Menschen Vorrang? Achte auf die kleinen Dinge. Wie verhält er sich auf dem Basketballfeld? Muss er um jeden Preis gewinnen oder integriert er auch die schwächeren Spieler? Wie geht sie mit Spannungen in der Familie um? Gibt sie den anderen die Schuld oder trägt sie ihren Teil und sucht nach einer friedlichen Lösung? Wie verhältst *du* dich?

An meinem Vater bewundere ich am meisten die Bereitschaft, vor meiner Mutter und dem Rest der Familie auch mal klein beizugeben. Er kann Fehler zugeben. War eine Bemerkung zu barsch oder sein Auftreten verletzend, bittet er den Betroffenen um Verzeihung.

Eine gute Ehe führt man nicht, indem man keine Fehler macht, sondern durch die Bereitschaft, Fehler zuzugeben, um Verzeihung zu bitten und den anderen höher zu schätzen als sich selbst.

3. Einsatzbereitschaft

Beurteile eine Person nicht nach ihrem Beruf oder ihrer schulischen Leistung, aber achte auf die Einstellung, die derjenige zu Arbeit generell an den Tag legt. Ist er bereit, sich zu engagieren, egal was kommt? Bill Bennett schreibt: „Arbeit ist nicht nur dazu da, damit wir überleben, sondern sie steht für das, was wir mit unserem Leben machen. Das Gegenteil von Arbeit ist nicht Freizeit, Spiel und Spaß, sondern Faulheit – wenn wir uns für nichts engagieren."

Im Buch der Sprichwörter, Kapitel 31,17 wird eine tüchtige Frau beschrieben: „Sie gürtet ihre Hüften mit Kraft und macht ihre Arme stark." (Natürlich bezieht sich das auf beide Geschlechter!)

Such jemanden, der energiegeladen seine Zeit in etwas Sinnvolles investiert, und entwickle diese Einsatzbereitschaft auch in deinem Leben.

4. Zuversichtliche Einstellung

Diese Haltung zeigt sich in der Überzeugung, dass Gott alles unter Kontrolle hat und dass wir ihm vertrauen können. So können Probleme, die noch gelöst werden müssen, etwas in den Hintergrund rücken. Überleg dir, was bei deinem zukünftigen Ehepartner und dir in den folgenden Bereichen zutrifft: Kommt nichts als Jammern und Klagen über die Lippen, oder vertraut ihr Gott trotz schwerer Umstände? Wird ständig auf den Fehlern anderer herumgehackt, oder werden sie ermutigt? Kennzeichnen Verzweiflung und Hoffnungslosigkeit Gespräche über Probleme, oder vertraut ihr weiterhin auf Gottes Treue?

Am Anfang ihrer Ehe schwammen Pastor E.V. Hill und seine Frau Jane keineswegs im Geld. Er hatte seine Ersparnisse in eine Tankstelle investiert, die unglücklicherweise Konkurs machte. Kurz nach dem Fiasko mit der Tankstelle kam E.V. eines Abends nach Hause – das ganze Haus war dunkel. Als er die Tür öffnete, sah er, dass Jane überall Kerzen aufgestellt und den Tisch wunderschön gedeckt hatte.

„Mich dünkt, mit rechten Dingen geht es hier nicht zu?", meinte er mit seinem typischen Humor.

„Tja, wir werden heute bei Kerzenlicht essen", antwortete Jane.

E.V. fand diese Idee großartig und ging zum Händewaschen ins Bad. Das Licht ging nicht an. Er tastete sich ins Schlafzimmer, um dort das Licht einzuschalten. Nichts. Der junge Pastor stolperte zurück ins Wohnzimmer und fand seine Frau weinend vor.

„Du gibst dir so große Mühe, und wir versuchen alles", schluchzte Jane, „aber ich habe nicht genug Geld, um die Stromrechnung zu bezahlen. Ich wollte nicht, dass du dir Sorgen machst, deshalb dachte ich, wir würden einfach bei Kerzenlicht essen."

Dr. Hill erinnerte sich sichtlich gerührt an Janes Worte: „Sie hätte sagen können: ‚So etwas habe ich noch nie erlebt. Zu Hause saßen wir nie im Dunkeln.' Sie hätte mich fertigmachen und mir die Schuld an allem zuweisen können! Aber nein, sie sagte stattdessen: ‚Irgendwie kriegen wir das schon geregelt, und heute Abend essen wir einfach gemütlich bei Kerzenlicht.'"

Diese Geschichte berührt mich jedes Mal aufs Neue. Jane Hills Optimismus und ihre Bereitschaft, auch in harten Zeiten zu ihrem Ehemann zu stehen, zeigen beispielhaft die beiden Eigenschaften, die ich selber haben möchte und die auch meine Frau auf jeden Fall besitzen sollte. Ich suche jemanden, der Kerzen anzündet und nicht über die Dunkelheit schimpft.

Der Sprung ins Ungewisse

Ich betone diese Charaktereigenschaften und Einstellungen so, weil ich deutlich machen will, worauf es bei der Wahl des richtigen Partners ankommt – und wo wir selbst noch an uns arbeiten müssen. Damit soll niemand abgewertet oder demotiviert werden, und es heißt auch nicht, dass wir uns vor der Ehe fürchten sollen. Suchst du den perfekten Partner? Dann hör dir mal an, was Benjamin Tillett dazu meint: „Gott, hilf dem Mann, der nicht heiraten will, bis er die perfekte Frau gefunden hat – aber hilf ihm bitte noch mehr, wenn er sie findet."

Wir werden diesen Übermenschen nie treffen. Wenn doch, warum sollte diese Person ohne Fehl und Tadel sich mit so jemand Unvollkommenem wie dir und mir abgeben? Benjamin Franklin sagte: „Vor der Hochzeit sollte man die Augen weit geöffnet halten . . . und danach eins zudrücken." Für eine glückliche Ehe müssen wir Gottes Plänen vertrauen und bereit sein, den anderen auch mit seinen Fehlern stehenzulassen – wir brauchen Liebe und Geduld, um „ein Auge zudrücken" zu können.

Ein Junge klagte über seine Ängste bezüglich der Ehe: „Wie kann ich vor der Hochzeit wirklich wissen, ob sie die Richtige für mich ist? Die Ehe erscheint mir wie ein Sprung von einer Klippe ins kalte Wasser." Er hat nicht ganz unrecht. Die Ehe wird immer ein Schritt sein, der Vertrauen erfordert. Aber sie ist kein Sprung ins Ungewisse – es geht nur tiefer, als wir erwarten.

Mein Pastor, C. J. Mahany, erzählte mal eine lustige Geschichte. Als er vor der Hochzeit seinem zukünftigen Schwiegervater die Hand gab und sagte: „Danke für dein Vertrauen, dass ich gut auf deine Tochter aufpassen werde."

„Ich vertraue dir nicht", erwiderte der Mann. „Ich vertraue Gott."

Dieser Vater hat sein Vertrauen an die richtige Stelle adressiert. Wir können uns oft selbst nicht trauen, und wir werden den Menschen, den wir heiraten, vorher nicht durch und durch kennen. Aber wir haben Gott, der uns bei unseren Entscheidungen hilft und uns in der Ehe zur Seite steht. Ihm gilt unser Vertrauen.

Wahre Schönheit

Als Single arbeite ich an mir. Ich nutze die Zeit, um Eigenschaften auszubauen und existenzielle Erkenntnisse zu finden. Dabei beobachte ich natürlich die Mädchen um mich herum mit offenen Augen. Tja, und meine kleinen Spielchen habe ich nicht aufgegeben. Ich frage mich immer wieder: „Auf was kommt es mit 50 an?" Das hilft mir, äußerliche Attraktivität nicht zu hoch zu bewerten und die wesentlichen Punkte – den Charakter und die Einstellung eines Menschen – zu sehen.

Die armen Mädchen, wenn sie wüssten ... aber wer weiß, vielleicht beäugen sie mich genauso und fragen sich, wie ich wohl mit 50 aussehe? Hups – keine schöne Vorstellung! Aber richtig.

Eines Tages – und bis dahin werde ich warten und beten! – treffe ich ein Mädchen, und wenn ich mir dann ausmale, wie sie in 30 Jahren aussieht, wird sie noch schöner zu sein versprechen als an diesem Tag. Die Jahre können ihrer Schönheit nichts anhaben – sie werden ihr nur Kontur und Reife verleihen. Denn eine Frau, die Gott liebt und ihre innere Kraft von ihm bekommt, kann durch die Zeit nur an Ausstrahlung zunehmen. Klar, es kommen auch ein paar Falten hinzu, aber das Wertvollste, das Herz, wird von innen nach außen strahlen. Und in dieses Herz möchte ich mich verlieben.

Wie werde ich mich verhalten, wenn diese Frau auftaucht? Ich denke oft darüber nach. Ich weiß nicht genau, was ich sagen werde. Vielleicht werde ich auf die Knie fallen und sie bitten, den Rest ihres Lebens mit mir zu verbringen.

Und wenn ich sie an unserem Hochzeitstag küsse, freue ich mich über meine jugendlich schöne Braut, aber ich werde ihr ins Ohr flüstern: „Ich kann es kaum erwarten, dich mit 50 zu erleben."

15. Wahre Liebe wartet

Wie aus Freundschaft mehr werden kann

Jason und Shelly amüsieren sich immer noch darüber, wenn sie an den Tag denken, an dem sie sich zum ersten Mal getroffen haben. An einem Donnerstag kam Jason nach der Bibelstunde auf Shelly zu und stellte sich vor.

„Wie geht's?", fragte er und streckte die Hand zur Begrüßung aus. „Ich heiße Jason. Ich hab dich hier schon ein paarmal gesehen, aber es ergab sich nie die Gelegenheit, dich anzusprechen."

Das dunkelhaarige Mädchen lächelte ihn an: „Ich bin Shelly! Aber wir haben uns schon mal getroffen, du erinnerst dich nur nicht."

„Echt?" Jason war überrascht. „Bist du sicher?"

„Jaa, ich bin ganz sicher", sie lachte. „Irgendwann im Frühling hast du in der Kirche vor mir gesessen, und jemand hat uns vorgestellt. Aber das geht schon in Ordnung, ich bin nicht nachtragend."

„Unmöglich!" Jason protestierte. „Ich bin sicher, ich würde mich an dich erinnern."

Diese kleine Unterhaltung war der Anfang einer Freundschaft. Immer, wenn Jason von da an Shelly traf, kam der Satz: „Hi, ich bin Jason. Ich glaube, wir haben uns noch nie getroffen." Darüber konnten beide jedes Mal lachen.

Im Laufe der nächsten Monate lernten sie sich näher kennen. Da sie denselben Freundeskreis hatten, trafen sie sich nach der Kirche häufiger in ihrem Stammrestaurant mit ihrer Clique auf einen Kaffee. Shelly trank immer Tee, das war Jason aufgefallen. Und das war nicht das Einzige, was er bemerkte. Er entdeckte die Tiefe ihrer Persönlichkeit. Shelly war eher ein ruhiger Typ, aber wenn sie etwas sagte, war es durchdacht und intelligent. Sie wusste, wann sie Spaß haben konnte, aber auch, wann Ernst angebracht war. In der Kirche sah Jason, wie hilfsbereit sie überall half, wo Not am Mann war. In der Kinderstunde war sie freiwillige Mitarbeiterin, und ihre Schulfreundinnen fragten sie oft um Rat oder kamen zu ihr, um getröstet zu werden.

Auch Shelly stellte einiges bei Jason fest. Sie bemerkte sein Lächeln und seine Freundlichkeit gegenüber allen, egal, ob sie sie erwiderten oder nicht. Seine tiefe Beziehung zu Gott beeindruckte sie – er zog nicht nur eine Show ab. Und sie war froh, dass sie sich als Bruder und Schwester im Herrn sehen konnten. Shelly war gerne in seiner Nähe. Könnte eines Tages vielleicht mehr als Freunschaft zwischen ihnen sein? Sie beschloss, sich darüber jetzt noch keine Gedanken zu machen.

Was Shelly nicht wusste: Jason *machte* sich Gedanken darüber. Er verbrachte eine Menge Zeit mit diesen Überlegungen. Während er Shelly genauer kennenlernte, hakte er nach und nach die Wunscheigenschaften, die die „Zukünftige" haben sollte, auf seiner imaginären Liste ab. Er dachte oft an Shelly und freute sich auf jedes Wiedersehen. „Ich bekomme dieses Mädchen nicht aus meinem Kopf", betete er eines Abends im Bett. „Herr, sie ist so, wie ich mir mein Mädchen immer vorgestellt habe. Was soll ich tun?"

Es gibt kein Rezept!

Was tust du, wenn du glaubst, die oder den Richtigen gefunden zu haben? Freundschaft ist o. k., aber was dann? Wie kannst du mehr über diese Person erfahren?

Die Bibel bietet für die Entwicklung von Freundschaft zur Ehe kein einheitliches Rezept an. Wir sind viel zu unterschiedlich – keine Situation gleicht der anderen, und Gott ist zu kreativ, um nur einen stereotypen Beziehungsverlauf vorzulegen. Die Möglichkeiten, wie Gott Menschen zusammenführt, sind so unterschiedlich wie Schneeflocken – keine gleicht der anderen. Sie können außerdem nur bei einer ganz bestimmten Temperatur ihre Schönheit herauskristallisieren. Das Gleiche gilt für Liebesbeziehungen, die Gott gefallen: Alles zu seiner Zeit und unter den richtigen Umständen.

In diesem Kapitel möchte ich ein neues Verhaltensmuster für Beziehungskisten vorstellen. Es kann uns helfen, nicht in herkömmliche Gewohnheiten zurückzufallen. Ich habe keine Zauberformel, wie man Probleme umgeht, und erhebe auch nicht den Anspruch, dass nur meine Vorschläge zum Erfolg führen. Aber ich bin davon überzeugt, dass sie helfen, unser Liebesleben so zu gestalten, wie Gott es sich vorstellt. Ich unterscheide folgende Phasen: *zwanglose Bekanntschaft – tiefe Freundschaft – prinzipientreue Liebe – Verlobung.*

Lass uns ein paar hilfreiche Prinzipien untersuchen, die uns bei der „Und was jetzt?"-Frage weiterhelfen können. Dabei stoßen wir dann auf die eben genannten vier Phasen.

1. Erinnere dich an deine Verantwortung in Beziehungen (Phase 1)

Stell dir vor, du bist mit deinem Auto auf einer einsamen Wüstenstraße unterwegs. Weit und breit ist niemand zu sehen, vor dir erstreckt sich der glatte Asphalt bis zum Horizont. Du weißt, dein Auto hat viele schöne PS, aber du weißt nicht, wie schnell es fahren könnte. Jetzt willst du das austesten. Niemand kann dich beobachten. Warum also nicht mal ordentlich Gas geben? Du schaltest in einen höheren Gang und braust los.

Stell dir eine andere Szene vor. Wieder bist du in deinem Auto, auf dem Beifahrersitz ein guter Freund. Ihr seid nicht mehr auf der Wüstenstraße, sondern in der Innenstadt. Um dich rum überall Autos, Radfahrer und Fußgänger. Aus dem Augenwinkel erkennst du ein Polizeiauto. Der Gedanke, jetzt Vollgas zu geben, kommt gar nicht erst auf. Langsam und verkehrsgerecht fährst du weiter.

Wo liegt der Unterschied dieser beiden Szenen? In der ersten bist du ganz allein und nur für dich selbst verantwortlich. In der zweiten bist du umgeben von anderen Menschen. Bei einem Unfall trägst du die Verantwortung für das Leben der Person auf dem Beifahrersitz. Deine Rücksichtslosigkeit würde auch das Leben der anderen Autofahrer in Gefahr bringen. Und außerdem ermahnt dich der vorbeifahrende Streifenwagen an die einzuhaltenden Verkehrsregeln. Ergebnis: Du fährst langsam.

Dieses Prinzip lässt sich auf Beziehungen übertragen. Startest du forsch durch und denkst dabei nur an dich – „Die oder den will ich als Lebenspartner für mich"–, gerätst du rasend schnell in eine Bindung und läufst Gefahr, mehrere Personen mit reinzuziehen und zu verletzen. Erinnerst du dich aber daran, dass du auch für die anderen Verantwortung trägst und dein Verhalten Spuren hinterlassen wird, wirst du behutsam und überlegt vorgehen.

Fühlst du dich zu jemandem hingezogen, beachte die drei Arten von Beziehungen: 1. Deine Beziehung zu der Person, die dich interessiert. 2. Deine Beziehungen zu deinen Mitmenschen, Freunden und Familie. 3. Und die letzte ist die wichtigste – deine Beziehung zu Gott.

Für alle drei trägst du die Verantwortung.

Ich habe Schwierigkeiten, nicht den Kopf zu verlieren, wenn ich ein Mädchen treffe, das mir gefällt. Durch ein „inneres Selbstgespräch" versuche ich, mich an meine Verantwortung für diese drei Beziehungen zu erinnern:

„Josh, wie stehst du zu diesem Mädchen?"

„Sie ist eine Schwester im Herrn, auf deren Unversehrtheit ich achten soll."

„Genau! Sie ist mehr als ein hübsches Gesicht oder eine potenzielle Heiratskandidatin!"

„Ja, sie ist Gottes Kind. Er hat einen Plan für sie. Er formt sie, um sie zu etwas ganz Besonderem zu machen."

„Welche Verantwortung ergibt sich daraus für dich?"

„Ich halte mich zurück, damit ich Gottes Plänen nicht im Weg stehe. Stattdessen will ich sie ermutigen, sich ganz auf Gott zu konzentrieren und sich von ihm allein führen zu lassen."

„Okay, gut. Wem gegenüber hast du noch eine Verantwortung?"

„Gegenüber meinen Mitmenschen."

„Wem genau?"

„Ich habe eine Verantwortung gegenüber den Leuten in der Jugendgruppe und den Nicht-Christen, die mein Verhalten beobachten. Ach ja, natürlich auch meinen kleinen Brüdern gegenüber, die mitkriegen, wie ich mit Mädchen umgehe."

„Warum ist das so wichtig?"

„Ich bin mitverantwortlich für ihre Erfahrungen und daraus folgenden Sichtweisen. Ich will ganz praktisch die Liebe Jesu widerspiegeln und ein überzeugendes Beipiel für Ungläubige sein."

„Aber in allererster Linie stehst du vor Gott, richtig?"

„Ja, genau. Ich bin dafür verantwortlich, selber sauber zu bleiben, für andere da zu sein, wie Jesus es war, und meinen Nächsten wie mich selbst zu lieben."

Diese Fragestellungen können uns helfen, unsere Motivation von Anfang an zu überprüfen, und sie werden großen Einfluss darauf haben, ob unsere Liebesbeziehung Gott ehrt oder aus rein egoistischen Gründen gelebt wird. Wollen wir das typische Schema hinter uns lassen, dann heißt das, dass wir uns nicht länger als das Wichtigste im Universum sehen, um das sich alles und jeder dreht. Bevor wir uns auf eine feste Bindung einlassen, wollen wir einen klaren Kopf kriegen und die Verantwortung erkennen.

2. Bau erst eine tiefere Freundschaft auf (Phase 2)

Im Frühling entdeckte meine vierjährige Schwester aufgeregt die ersten Blumen. Sie riss eine Handvoll mit den geschlossenen Knospen heraus und präsentierte sie stolz meiner Mutter. Meine Mutter war enttäuscht über die Ungeduld meiner kleinen Schwester: „Du hast sie zu früh gepflückt. Sie sind viel schöner, wenn man wartet, bis sie blühen."

Häufig machen wir in unseren Freundschaften den gleichen Fehler. Wir warten nicht, bis sie reif sind und voll in der Blüte stehen, sondern überstürzen die ganze Sache. Die Ungeduld vermasselt die Gelegenheit, als Single Freundschaften zu genießen, und so kann die Basis für unsere spätere Ehe ins Wackeln kommen. Glückliche, starke Ehen brauchen das Fundament aus gegenseitigem Respekt, Verständnis und Kameradschaft.

Finden wir jemanden sehr sympathisch, sollten wir erst mal in eine tiefe Freundschaft investieren. Es stimmt nicht, dass zwischen uns und dem anderen automatisch eine enge Bindung entsteht, nur weil wir uns aufeinander konzentrieren und sehr viel Zeit zu zweit verbringen. Diese Nähe ist natürlich sehr spannend, aber es besteht die große Gefahr, dass wir vor lauter Leidenschaft dann nur wenig über den wahren Charakter des anderen erfahren. Vergiss nicht: Wenn wir unseren Gefühlen einfach total freien Lauf lassen, verfehlen wir meist das Ziel. Aus diesem Grund brauchen wir zuerst eine tiefe Freundschaft, bevor wir weitergehen.

Sich besser kennenlernen

Es ist ganz wichtig, dass sich ein Junge und ein Mädchen als Individuen kennenlernen. Sie benötigen einen ehrlichen und objektiven Eindruck von dem, wie der andere wirklich ist. Wie erhält man den?

Anstatt euren alten Lebensrhythmus total aufzugeben, damit ihr mit dem anderen Zeit verbringen könnt, solltet ihr nach Möglichkeiten suchen, euch in den Alltag des anderen zu integrieren. Überlegt, wie ihr die Welt des anderen kennenlernen könnt – die Familie, die Freunde, die Arbeit und den Aufgabenbereich in der Kirche.

Jason lud Shelly in eine spanische Kirche ein. Dort half er einmal im Monat bei der Übersetzung des Gottesdienstes. So bekam sie einen kleinen Einblick in seine Vorliebe für die spanische Sprache und die spanische Kultur. Shelly hingegen bat ihn, ihr im Kindergottesdienst zu helfen. Obwohl die beiden den Großteil ihrer Zeit bei diesen Unternehmungen zusätzlich mit anderen Menschen verbrachten, fanden Jason und Shelly gegenseitg viel über sich heraus und vertieften so ihre Freundschaft.

Was wir vermeiden sollten

Vertiefst du gerade eine Freundschaft, dann vermeide zu deutliche Annäherungsversuche und allzu viel Liebesgeflüster. Die Phase, in der du die Freundschaft ausbaust, ist der falsche Moment, um über eine mögliche gemeinsame Zukunft zu sprechen. Es geht in diesem Stadium darum, mehr über den anderen zu erfahren und auf Gott zu hören. Nimm die Angelegenheit bloß nicht selbst in die Hand, indem du monstermäßig losflirtest und eindeutige Bemerkungen über die Schmetterlinge in deinem Bauch machst. Bitte deine Freunde, euch nicht als Pärchen einzustufen und als solches zu behandeln. Falls sie es doch tun, lade andere zu gemeinsamen Unternehmungen ein, um dieses „Zweierpack-Image" wieder loszuwerden.

Du brauchst bestimmt eine große Portion Geduld und Selbstdisziplin, um nicht vorschnell mit deinen Gefühlen rauszurücken, aber es lohnt sich. Im Hohelied Salomos heißt es: „Was stört ihr die Liebe auf, warum weckt ihr sie, ehe ihr selbst es gefällt?" Nur in einem geschützten

Rahmen und zur richtigen Zeit kann die Liebe ihre absolute Schönheit entfalten. Ist der nicht gegeben, kann es sehr schnell zu tiefen Verletzungen in unseren Herzen kommen. Im Buch der Sprichwörter, Kapitel 29,20 steht: „Siehst du einen, der eilfertig ist im Reden, mehr Hoffnung gibt es für den Toren als für ihn."

Mach dich nicht zum Narren, indem du die Karten vorschnell offen auf den Tisch legst. Der andere merkt früh genug, dass du dich für ihn oder sie interessierst. Aber die Gefühle sofort in Worte zu fassen, „weckt die Liebe", bevor sie reif dafür ist.

Denk mal darüber nach. Posaunen wir unsere Gefühle nicht oft aus egoistischen Gründen raus? Ob es gut für die andere Person ist, ist erst mal Nebensache. Wir können die Ungewissheit nicht ertragen, deshalb müssen wir vorschnell nachfragen, wo wir beim anderen dran sind. Mit dieser egoistischen Haltung riskierst du nicht nur die Zerstörung einer möglichen Beziehung, du läufst auch Gefahr, wie ein Blödmann dazustehen, wenn sich deine Gefühle plötzlich wieder ändern. Lass dir Zeit mit deiner Liebeserklärung, dann wirst du sie nicht bereuen.

3. Beobachte, warte und bete

„Hast du Lust auf einen Kaffee?", war Shellys typische Frage an ihre Mutter, wenn mal wieder ein Mutter-Tochter-Gespräch anstand. Ihre Mutter hörte Shelly zu, die von ihren Gefühlen für Jason und den Fragen, die ihr immer wieder im Kopf herumschwirrten, erzählte. „Was hält er von mir? Sieht er nur eine gute Freundin in mir? Will er mehr? Könnte ich mir vorstellen, mit ihm zusammen zu sein? Heiraten?"

Shellys Kaffee war kalt, nachdem sie die meisten Fragen schon selbst beantwortet hatte. Ihre Mutter ermunterte sie liebevoll, einfach ihr Herz in Gottes Hände zu legen und ihm zu vertrauen. Dann hatte sie noch einen ganz praktischen Vorschlag. Sie wollte Jason und einige andere von Shellys Freunden einladen. Dabei könnten sie und Shellys Vater Jason in einer ungezwungenen Atmosphäre näher kennenlernen, ganz ohne Druck. Shelly gefiel dieser Vorschlag.

So richtig kniffelig wird es in einer Freundschaft erst, wenn sich beide fragen, ob sie über die Freundschafts-Phase hinausgehen sollen. Wie schnell es dazu im Einzelfall kommt, ist ganz unterschiedlich – aber eins steht fest: Geduld zahlt sich aus. Es ist schlau, diese zusätzliche Zeit zu nutzen, um mehr über den andern zu erfahren und Gott um seine Führung zu bitten.

Jason konnte nicht wie Shelly auf seine Familie zählen. Er studierte in einer anderen Stadt, außerdem waren seine Eltern geschieden. Deshalb weihte er seinen Onkel ein, den älteren Bruder seiner Mutter, der ein sehr entschiedener Christ war. Er schrieb ihm einen neun Seiten langen Brief, in dem er von Shelly schwärmte und um seinen Rat bat. Onkel James hatte sich immer um Jason gekümmert und war so eine Art Mentor für seinen Neffen. „Denkst du, ich spinne, weil ich mir solche Gedanken mache?", fragte Jason seinen Onkel. Daraufhin rief er Jason an, und sie berieten gemeinsam über die momentane Situation. Onkel James fragte ihn ganz direkt: „Bist du in der Lage, für eine Frau geradezustehen? Hast du mit deinem Pastor über die ganze Sache gesprochen? Zieht dich Shellys Äußeres an oder ihr Charakter?" Zum Schluss ermutigte er Jason, einen Monat zu warten und Shelly zu beobachten. „Du brauchst ja nichts zu überstürzen", sagte er. „Wenn es Gottes Wille ist, wird sich alles zur rechten Zeit ergeben. Und es kann nie schaden zu warten."

Bist du geneigt, einen solchen Schritt zu gehen, dann frag Gott, was er dazu meint. Lass dir von ein paar vertrauten Menschen, besonders von älteren Christen, Ratschläge geben. Im Idealfall sollten dich deine Eltern, ein gläubiger Mentor oder andere engere christliche Freunde beraten. Bitte diese Personen, dich mit Gebeten zu unterstützen. Sei offen und sprich ehrlich über deine Beziehung, denn nur so können sie dich auf wunde Punkte aufmerksam machen.

Mögliche Fragen

Während dieser Beobachtungs- und Wartezeit gilt es, folgende Fragen ehrlich zu beantworten: „Kommt diese Person, nachdem ich sie jetzt intensiver kennengelernt habe, als potenzieller Ehekandidat in Betracht? Will ich von der Phase der tieferen Freundschaft in die nächste Phase übergehen? Will ich in absehbarer Zukunft heiraten?"

Tja, das sind knifflige Fragen. Und die meisten Probleme treten auf, weil man diese Fragen zu locker nimmt. Viele sind mit jemandem eng befreundet, obwohl sie mit ihm auf keinen Fall ihren Lebensabend verbringen wollen. Es geht ihnen darum, jetzt Spaß zu haben, aber ohne weitere Verpflichtung. Diese Sackgassen können wir uns ersparen, wenn wir Gottes Zeitplan vertrauen und warten, bis er uns grünes Licht gibt.

GRÜNES LICHT NR. 1: GOTTES WORT. Was sagt die Bibel: Ist die Ehe für dich und denjenigen, den du ausgesucht hast, in Ordnung? Gott hat die Ehe zwar eingesetzt, aber er hat damit auch gewisse Spielregeln verbunden. Ist dein Ehekandidat kein Christ oder nimmt er seinen Glauben nicht so ernst, solltest du die Beziehung beenden. In der Bibel heißt es, dass es für bestimmte Dienste von Vorteil ist, ledig zu bleiben. Hat Gott das mit dir geplant? Bevor du eine Beziehung fortführst, bitte Gott um Orientierung.

GRÜNES LICHT NR. 2: BEREIT FÜR DIE EHE. Hast du eine realistische Vorstellung vom Eheleben, wie wir es in Kapitel 13 angesprochen haben? Bist du dir der Verantwortung bewusst, die es mit sich bringt, ein Ehemann oder eine Ehefrau zu sein, und bist du auch bereit, diese Verantwortung zu übernehmen? Hast du ein gewisses Maß an geistlicher Reife und emotionaler Stabilität, um eine lebenslange Ehe-Verpflichtung einzugehen? Kannst du es dir finanziell leisten?

GRÜNES LICHT NR.3: DIE ZUSTIMMUNG UND UNTERSTÜTZUNG DEINER ELTERN UND FREUNDE. Wenn du meinst, unbedingt heiraten zu müssen, aber niemand, der dich kennt und liebt, kann dem zustimmen, dann mach mal halblang! Vertrau der Weisheit und der Meinung von Menschen, die objektiver sind als du und denen etwas an dir liegt. Das heißt nicht, dass Eltern oder andere Ratgeber immer Recht haben, aber wir sollten den Schritt in die Ehe nur in Ausnahmefällen ohne ihre Unterstützung und ihren Segen tun.

GRÜNES LICHT NR.4: GOTTES FRIEDE. Das Wichtigste bei dieser Entscheidung ist Gottes Friede. Den haben wir nur, wenn wir in Übereinstimmung mit seinem Willen handeln. Können deine Eltern oder andere Christen deinen Schritt in Richtung Ehe gutheißen oder kommen Spannungen und Besorgnis auf? Unsere Entscheidung sollte nicht nur auf Gefühlen basieren, aber Emotionen können ein zusätzlicher Indikator sein. Du wirst Gottes Frieden bestimmt spüren, wenn du die ersten drei grünen Lichter bereits bekommen hast.

4. *Leg die Richtung der Beziehung fest: Steuert auf die Ehe zu (Phase 3)*
Angenommen, du hast viermal grünes Licht bekommen. Dann ist jetzt der Zeitpunkt da, an dem es ernst wird – die Ehe ist in Sichtweite.

Erinnerst du dich an das erste Eigentor, das wir schießen, wenn wir uns in festen Bindungen falsch verhalten? „Intimität – ja!!! Verantwortung – bloß nicht!!" Anders ausgedrückt: Häufig werden Beziehungen, auch ernst gemeinte, ohne eine feste Absicht geführt. Sie stecken in einer Grauzone zwischen prickelndem Abenteuer und ehrlicher Verbindlichkeit. Keiner weiß genau, was der andere denkt. „Sind wir bloß aus Spaß zusammen? Wie stehen wir zueinander?" So einen Schwebezustand wollen wir uns ersparen. Aber das bedeutet: Ehrlichkeit und Mut auf beiden Seiten.

Dieses vierte Prinzip, Zielvorstellungen zu klären, wendet sich hauptsächlich an die jungen Männer, die meiner Meinung nach eigentlich den ersten Schritt tun sollten. Versteht das bitte nicht als Chauvi-Haltung! Jungs, es geht nicht darum, dass wir das Sagen über die Mädchen haben, aber die Bibel legt Wert darauf, dass der Mann in der Ehe die geistliche Leitung übernimmt (Epheser 5,23–25). Und ich denke, das „Haupt zu sein" fängt schon in diesem frühen Stadium der Beziehung an. Die Mädchen, mit denen ich darüber gesprochen habe, Christinnen und Nicht-Christinnen, stimmten dem zu. Sie *möchten*, dass der Junge das Ruder in die Hand nimmt und die Richtung angibt.

Aber wie bringen wir Männer das rüber? Vielleicht mit folgendem Vorschlag: „Unsere Freundschaft wird immer enger, und ich habe das Gefühl, wir sollten einen Schritt weiter gehen. Wenn du mich willst und wenn deine Eltern einwilligen, möchte ich dich heiraten. Ich will nicht nur ‚mit dir gehen'. Du und deine Familie und alle, die für dich verantwortlich sind, dürfen mich gründlich unter die Lupe nehmen. Mein größter Wunsch ist, deine Liebe für mich zu gewinnen."

„Aber", denkst du jetzt vielleicht, „das klingt ja furchtbar seriös." Ja, genau, das soll es auch sein! Das Herz und die Zukunft einer Frau sind kein Spielzeug, das wir nach Lust und Laune wieder in die Ecke legen können. Deshalb ist es auch völlig daneben, wenn Männer zu dem Zeitpunkt, an dem es um „alles oder nichts" geht, immer noch keine eindeutigen, bindenden Aussagen machen. Hier kommen wir zum Punkt, Gentlemen: Wir müssen mutig sein, obwohl es uns an diesem Mut sehr, sehr häufig fehlt. „Ritterlich" zu sein darf kein Fremdwort mehr für uns sein. Wir tun den Mädchen nichts Gutes, wenn wir etwas mit ihnen anfangen, ohne bereit zu sein, die Verantwortung zu übernehmen und für die Konsequenzen geradezustehen. Genug ist genug! Lasst uns endlich erwachsen werden!

Natürlich sollten auch die Mädchen ihren Beitrag leisten. Mädels, wenn euch ein Junge seine ernsten Absichten erklärt, seid bitte bei eurer Antwort 100%ig ehrlich. Manchmal bedeutet das, dem Jungen einen Korb zu geben. Aber habt ihr „grünes Licht", dann wagt den Schritt und sagt: „Ich bin bereit, zu testen und selber getestet zu werden."

Dieser „Test" gilt für beide! Der Junge versucht, deine Zuneigung zu erwerben; dabei wird dir ebenfalls auf den Zahn gefühlt. Bist du bereit, dich diesem jungen Mann zu öffnen und seiner Familie Rede und Antwort zu stehen?

Heikle Fragen, was? Aber sie wollen beantwortet sein, um uns vor dem Schwebezustand der Richtungslosigkeit und unangemessener Intimität zu schützen.

5. Ehre ihre Eltern

Shelly erfuhr erst als Zweite von Jasons Wunsch, sie zu heiraten, denn vor seinem „Durchstarten" fragte er zuerst ihre Eltern, ob er mit Shelly Hochzeitspläne schmieden durfte.

Ich persönlich möchte es auch so machen. Das ist die beste Möglichkeit, ein gutes Verhältnis zu den Schwiegereltern aufzubauen. Vielleicht findest du die Idee aber auch nicht so toll. Auch gut. Einige meiner Freunde haben zuerst ihre Freundin gefragt und dann ihre Eltern. In anderen Fällen wohnten die Eltern weit weg oder hatten gar kein Interesse. Es geht mir auch nur ums Prinzip. Als junger Mann sollst du den für deine zukünftige Frau verantwortlichen Personen Achtung entgegenbringen. Vielleicht ist es ihr Pastor oder ihr Opa, ganz egal – zieh es durch. Vielleicht musst du Briefe schreiben, Telefonate führen oder E-Mails verschicken. Auch kein Problem! Sei erfinderisch, um ihnen den Respekt zu erweisen, der ihnen zusteht.

STELL DICH VOR DAS „ELTERLICHE GERICHT". Ermuntere die Eltern des Mädchens, dir ganz gezielt Fragen zu stellen, wenn es an der Zeit ist. Zum Beispiel: „Was hast du mit unserer Tochter vor? Wie willst du ihr Herz gewinnen?" Die Fragen können ganz unterschiedlich ausfallen, je nachdem, was sie für eine Beziehung zu ihrer Tochter haben und nach welchen Überzeugungen sie leben. Manchen Eltern wird es auch völlig egal sein. Sie empfinden dich vielleicht als melodramatisch und zu ernst. „Hey, logo, wenn du unsere Tochter haben willst – bitte, nimm sie." Andere Elternpaare freuen sich, wenn sie bei dieser aufregenden Phase miteinbezogen werden.

Die Eltern von Mädchen haben vielleicht ganz besondere Befürchtungen bezüglich des Zeitpunkts oder der Beziehung überhaupt. Ein Vater, den ich kannte, bezweifelte die geistliche Reife des jungen Mannes, der Interesse an seiner Tochter zeigte. Er hatte erst vor kurzer Zeit wieder zum Glauben zurückgefunden und vor gerade mal vier Monaten die Verlobung mit einem anderen Mädchen gelöst. Der Vater bat ihn, noch einige Monate zu warten, um erst mal zu beweisen, ob es ihm wirklich ernst ist. Der junge Mann hatte dazu aber keine Lust und versuchte, das Mädchen hinter dem Rücken der Eltern zu treffen. Das Mädchen beendete dann die Freundschaft.

Egal, was die Eltern fordern werden – denk dran, sie haben einen großen Teil ihres Lebens in ihre Tochter investiert. Und Gott hat die Eltern eingesetzt, um sie zu beschützen. Versuch also nicht, ihre Autorität zu untergraben. Arbeite mit ihnen und profitiere von ihren Erfahrungen!

6. Der Härtetest in Alltagssituationen

Die Beziehung erreicht jetzt eine spannende Phase. Jetzt ist es an der Zeit, dass die beiden sich wirklich auf Herz und Nieren prüfen, ob eine Ehe für sie angebracht ist. Es ist Zeit, sich näherzukommen. Aber im Unterschied zu ziellosen Annäherungsversuchen hat diese Nähe einen bestimmten Sinn und Zweck.

Zwischen der Phase der tieferen Freundschaft und der Verlobung gibt es noch die Zeitspanne der „prinzipientreuen Liebe". Hier geht es nicht darum, jetzt endlich wie wild draufloszuturteln. Diese Stufe der ehrlichen, disziplinierten Nähe ist das bewusste Zusteuern auf die Ehe, ohne sexuellen Versuchungen nachzugeben, und die Bereitschaft, mit anderen Christen offen und ehrlich über alles zu sprechen.

Dieser Abschnitt bringt neue Gesichtspunkte mit sich. Während der „Herzgewinnphase" und der „Testphase" waren meine Freunde Jeff und Danielle Myers viel mit anderen zusammen. Natürlich gingen sie auch mal nur zu zweit weg, aber die meiste gemeinsame Zeit verbrachten sie mit ihren Familien oder Freunden. Sie gingen mit ihren Eltern weg oder kochten mit anderen Paaren ein schönes Abendessen.

KAPSELT EUCH NICHT AB! Normalerweise kapseln sich Pärchen oft ab, besonders von der Familie. Dabei wäre jetzt eine gute Gelegenheit, die Familienbande enger zu knüpfen. In der Ehe wird ein Paar nämlich idealerweise mal dankbar für die Unterstützung der „Sippe" sein.

Selbst wenn sie manchmal sehr „elternmäßig" sind, können ihre Anregungen helfen, eine „ehrliche Nähe" aufzubauen. Und die wiederum ermöglicht, dass sich die Liebe richtig entfalten kann, setzt aber gleichzeitig schützende Grenzen für euer Zusammensein. Findet Mittel und Wege, wie ihr das Kennenlernen, das Testen und das Zusammenwachsen voll erleben könnt, ohne alles durch die rosarote Brille zu sehen. Ihr werdet so euren wahren Charakter entdecken und findet zu einer echten, dauerhaften Entscheidung, ob die Hochzeit für euch dran ist.

Gerüstet für den großen Schritt. Es kommt der Zeitpunkt, wo ihr genug beobachtet, gebetet, nachgedacht und geredet habt. Sind während der vorherigen Phase Probleme aufgetaucht, die eure gemeinsame Zukunft in Frage stellen, solltet ihr abwartend prüfen und die Beziehung notfalls beenden. Lieber ein Ende mit Schrecken als ein Schrecken ohne Ende! Wisst ihr aber beide, dass ihr euch wirklich liebt, und ihr habt grünes Licht von eurem Grundgefühl, von Gott, von Freunden und von euren Eltern, gibt es keinen Grund, noch länger zu warten. Der Heiratsantrag ist fällig!

7. Mit dem Sex bis zur Ehe warten

Zieht klare Grenzen für die körperliche Nähe. Ich kann nur wiederholen, was wir bereits in Kapitel 6 angesprochen haben: „Reinheit ist ein Weg, nicht eine dünne Linie, die wir plötzlich überschreiten, nur weil wir zu weit gegangen sind." Der Versucher würde liebend gerne die Schönheit eurer aufblühenden Liebe zerstören, indem er dich dazu verleitet, dich viel zu früh in körperliche Nähe zu stürzen. Bitte gib ihm keine Chance!

Mir gefällt Elisabeth Elliots Rat für Paare: „Lasst die Finger weg und die Klamotten an!" Benutze den Körper des anderen vor der Ehe nicht, als würde er dir gehören. Sehr intensives Küssen, Berührungen und Zärtlichkeiten führen häufig in Versuchung – eins folgt dem anderen, und es ist schwer dann im entscheidenden Moment die Notbremse zu ziehen. Dieses Verhalten ist egoistisch und weckt Wünsche, auf deren Befriedigung du erst in der Ehe ein Anrecht hast. Schützt euch gegenseitig und wartet mit der Totalverschmelzung bis zur Hochzeit.

Ich habe mich entschlossen zu warten, und zwar sehr radikal: Ich möchte meine Frau erst an unserem Hochzeitstag zum allerersten Mal küssen. Das klingt altmodisch bis krank, ich weiß! Und ehrlich gesagt hätte ich mich über diese Idee vor vier Jahren noch abgerollt. Aber ich habe mittlerweile verstanden, wie riskant es ist, körperliche Nähe zu genießen, ohne den schützenden Rahmen der Ehe zu haben. Natürlich will ich damit nicht sagen, dass es Sünde ist, sich vor der Ehe zu küssen. Wo bei der Liebe die Sünde anfängt, ist eh ein sehr schwieriges Thema. In der Bibel steht dazu übrigens auch nichts Definitives drin. Jeder muss für sich, mit seinem Partner und vor Gott entscheiden, was für ihn richtig ist. Eine Richtlinie dazu ist vielleicht, dass die körperliche Nähe der seelischen und geistlichen Vertrautheit nicht vorauseilen sollte. Alle drei müssen sich parallel zueinander entwickeln.

KONZENTRIER DICH AUF DAS WESENTLICHE. Es ist extrem hart, körperliche Nähe einzuschränken, aber nur so hältst du dir wirklich die Möglichkeit offen, dich auf die inneren Werte des zukünftigen Ehepartners zu konzentrieren. Ein Pärchen verdeutlichte das mit der Aussage: „Kommt man sich körperlich näher, entfernt man sich leicht innerlich." Mit anderen Worten: Als sie sich auf die sexuelle Ebene zu stark aufeinander einließen, kam es auf der geistlichen und emotionalen Ebene zum Stillstand.

Mach mit deinem Partner zusammen vor Gott fest, wo eure Grenzlinie verlaufen soll. Wenn ihr euch traut, könnt ihr das auch noch bestärken, indem ihr euren Eltern, Freunden oder geistlichen Mentoren von eurer Entscheidung erzählt und bereit seid, vor ihnen Rechenschaft abzulegen. Glaub mir, so gehst du ganz anders an die Sache ran!

Dieses Versprechen beinhaltet auch, riskante Situationen, die in Versuchung führen können, zu meiden. Natürlich könnt ihr auch miteinander allein sein, aber das geht auch ohne euch von allen anderen völlig abzukapseln.

Gott ist nicht beeindruckt von meiner Fähigkeit, in brenzligen Situationen gerade noch die Kurve zu kriegen! Er findet es besser, wenn ich Gehorsam beweise, indem ich mich gar nicht erst in solche Situationen hineinbegebe.

Vergiss nicht: Wenn ihr euch geduldet und zusammenreißt, wertet das die körperliche Nähe total auf, und sie wird zu etwas ganz Besonderem. Gott wird schon seine Gründe gehabt haben, warum er der Sexualität einen so hohen Stellenwert einräumt – zum eben mal so Mitnehmen ist sie viel zu toll und schade! Er will, dass wir die körperliche Vereinigung ganz und gar genießen können, wie es im Hohelied Salomos beschrieben ist. Lass dich nicht durch momentane Ungeduld um all das betrügen.

Hört auf den Heiligen Geist

Jedem Pärchen bleibt es überlassen, ob sie radikal sein wollen oder vielleicht nur minimale Ansprüche erfüllen. Aber ich bin davon überzeugt, dass es einen „Königsweg" gibt, auf dem man das Beste von Gott erfahren kann. In der Bibel steht: „Die Frucht des Geistes aber ist Liebe, Freude, Friede, Langmut, Freundlichkeit, Güte, Treue, Sanftmut und Selbstbeherrschung" (Galater 5,22–23). Wenn der Heilige Geist in unserer „Eheplanung" das Sagen hat, werden wir mit diesen Eigenschaften gesegnet sein.

 Klar wird alle Vorausschau und alle Vernunft nicht jedes Beziehungsproblem der Welt lösen. Solange Dussel wie du und ich existieren, werden wir immer wieder Mist bauen! Aber die in diesem Kapitel genannten Schritte erleichtern es uns, nicht nur so zufällig auf die Ehe zuzuschliddern. Und für diejenigen, die Gott wirklich ehren und ihren Nächsten lieben möchten, können sie hilfreich sein, sich mit neuer Entschlossenheit für ihre Reinheit und ihre wahre Liebe einzusetzen.

Ich wünsche dir, dass deine Beziehung etwas Einmaliges und Besonderes wird, weil du nach Gottes Willen fragst. Du wirst es nie bereuen, für dich und deinen späteren Lebenspartner nach dem Allerbesten, was Gott für euch bereithält, gestrebt zu haben.

16. Ein Traum von Liebesgeschichte

Schreib mit deinem Leben eine Lovestory, die es wert ist, erzählt zu werden

Es gibt nichts Romantischeres, als der ehrlichen, ungekürzten Liebesgeschichte eines glücklichen Paares zu lauschen. Und du kannst dich glücklich schätzen, wenn sie von deinen Eltern stammt.

Irgendwann mal erzählten mir meine Eltern ihre Geschichte. Unsere Family-Fotoalben zeigen mir, wie Mama und Paps aussahen, als sie sich kennenlernten. In Gedanken versetze ich mich zurück in diese Zeit . . .

Das Städtchen Dayton im Bundesstaat Ohio ist nicht gerade das typische Fleckchen Erde für eine aufregende Liebesgeschichte. Mein Vater betont jedesmal, dass Dayton sowohl Geburtsort des Flugzeugs wie auch des ersten Autos mit automatischem Anlasser ist. „Lauter Erfindungen, um möglichst schnell aus der Stadt zu kommen", witzelt er immer. Aber trotzdem wurde 1973 diese Stadt zum Schauplatz der Liebesgeschichte meiner Eltern.

Meine Zeitreise führt mich in die Kirche, in die beide gehen. Ich treffe auf eine Mischung von traditionellen Christen und den manchmal etwas chaotischen „Jesus People" (meine Eltern gehörten auch zu ihnen)*. Ich setze mich in ein kleines, schnuckeliges Café direkt neben der Kirche, dem Treffpunkt der Schü

---

* Anfang der 70er Jahre entstand in den USA eine Bewegung, deren Mitglieder sich *Jesus People* nannten. Sie gehörten der Hippie-Generation an und lebten ihren Glauben an Jesus Christus sehr radikal und ziemlich abgefahren.

ler und Studenten. Ein junger Mann in verwaschenen Jeans und T-Shirt sitzt auf einem Hocker in der Ecke, spielt Gitarre und singt dazu. Das ist mein Vater, Gregg.

Er ist ziemlich hager und hat langes Haar. Natürlich trägt er auch in diesen Jahren schon einen Schnurrbart. Ich muss grinsen. „Es gibt Dinge, die ändern sich nie", denke ich mir.

Er spielt ein einfaches, aber eindringliches Lied. Früher war mein Vater richtig hippiemäßig mit seiner Gitarre durch die Lande getingelt und hat hier und da in kleinen Restaurants gesungen, um sich seinen Lebensunterhalt zu verdienen. Diesen chaotischen Lebensstil hatte er ein paar Jahre durchgezogen, und dann hatte er zum Glauben gefunden und war nach Dayton zurückgekehrt. Jetzt spielte der ehemalige Weltenbummler auf seiner Gitarre für Jesus, wusste aber noch nicht so recht, was er mit seinem Leben anfangen würde. Viele Leute fragten sich, ob aus ihm jemals etwas Anständiges werden würde. (Ja, tatsächlich, das hat geklappt!)

Meine Mutter ist auch da. Irgendwie ein komisches Gefühl, meine Mutter als junges Mädchen zu sehen. Ich kann sie gar nicht aus den Augen lassen. Sie hat ihren ganz eigenen Stil, den ich mein ganzes Leben lang beobachten konnte. Sie ist anders und doch gleich. Kein Wunder, dass mein Paps total auf sie abfährt! Ich bemerke den kurzen Blick, den sie meinem Vater zuwirft, während er spielt. Sie gibt sich sichtlich Mühe, nicht sonderlich beeindruckt zu wirken.

Meine Mutter ist zu diesem Zeitpunkt erst ein Jahr lang Christ. Sie liebt ihre Unabhängigkeit und ist ziemlich dickköpfig. Sie ist neunzehn Jahre alt und eine talentierte Balletttänzerin, aber das scheint ihr seit ihrer Bekehrung kein erstrebenswerter Beruf mehr zu sein. Genaue Vorstellungen von der Zukunft hat sie nicht, aber sie spielt mit dem Gedanken, irgendwo im Ausland in die Mission zu gehen. Eins weiß sie aber ganz sicher: Sie will auf keinen Fall heiraten und niemals, wirklich niemals, Kinder haben. (Ich überlege, wie sie wohl reagieren würde, wenn ich mich jetzt vorstellen würde – als das älteste von ihren sechs Kindern.)

Als mein Vater sich ihrem Tisch nähert, pirsche ich mich ebenfalls ran. Auf keinen Fall will ich ihre Unterhaltung ver-

passen. Er tut so, als schlendere er nur so zufällig vorbei, aber es ist offensichtlich, dass er sie ansprechen will.

„Hey, Sono, ich wollte nur fragen, ob ihr . . . also, du und deine Schwester, schon wisst, wie ihr nach Hause kommt?"

„Bingo, das ist der Abend", denke ich mir. Von dieser Unterhaltung haben sie mir schon tausendmal erzählt. Ich beuge mich vor, um ja die Reaktion meiner Mutter beobachten zu können.

„Ja, danke der Nachfrage", sagt sie. „Newton fährt uns." Meine Mutter kann ziemlich kurz angebunden sein. Heute ist sie in Hochform und versucht nicht mal, einigermaßen freundlich zu sein – es ist ihr völlig schnuppe.

„Na ja . . . vielleicht kann ich dich ja irgendwann mal anrufen", versucht es mein Paps.

„Oh Mann, der ist völlig ahnungslos", fürchte ich. „Jeder andere Typ würde es schnallen und abziehen. Aber nicht mein Paps. Nein, er nicht! Prima! Ohne diese penetrante Harris-Eigenschaft gäbe es mich wahrscheinlich nicht!"

Meine Mutter schaut ihn nur kurz an und brummelt genervt ein nichtssagendes „Mmm-hmm".

„Ähh, kann ich vielleicht deine Nummer haben?", fragt er.

Sie sieht ihn an, wartet einen Augenblick und meint dann: „Steht im Kirchenverzeichnis."

„Puh!", rutscht es mir raus. „Mama kann echt cool sein. ‚Steht im Kirchenverzeichnis'. Ganz schön krass."

Geknickt entfernt sich mein Paps.

Aber zum Glück – und das ist mein Lieblingsteil – weiß ich, wie es weitergeht. Jetzt greift nämlich Gott ein.

In dieser Nacht nach der unfreundlichen „Steht im Kirchenverzeichnis"-Bemerkung beteten meine Mutter und mein Vater jeweils unabhängig voneinander für den anderen. Die eiskalte Abfuhr meiner Mutter hatte einen Grund. Sie fand den singenden Gitarrenspieler ziemlich klasse und war hin und weg von seiner Begeisterung für Gott. Aber seit sie zum Glauben gekommen war, wurde sie von frommen jungen Männern, die eher von ihren Hormonen gesteuert waren als von ihrem Glauben, regelrecht verfolgt. Mehr als einer hatte ihr schon erklärt, Gott habe ihm gezeigt, dass sie die Frau seines Lebens sei. Meine Mutter hatte diese pseudo-frommen Angrabereien so was von satt.

„Herr", betete sie, „wenn dieser Typ anders ist, wenn er wirklich auf dich hört, dann sag ihm, er soll mich auf keinen Fall anrufen."

Auf der anderen Seite der Stadt betete mein Vater. Seine schlechten Erfahrungen mit Mädchen hatten ihn verunsichert. Was sollte er tun? „Herr, bitte zeige mir, wenn ich dieses Mädchen anrufen soll." Das Gebet war eher Formsache als eine echte Bitte. In seine vorherigen Liebschaften hatte Gott nie eingegriffen, und mein Paps erwartete nicht, dass es diesmal dazu kommen würde. Eigentlich hatte er sich schon die Worte zurechtgelegt, mit denen er sich am nächsten Tag bei ihr melden wollte.

Aber in dieser Nacht passierte etwas Merkwürdiges. Er merkte eindeutig, wie Gott ihm sagte: „Gregg, ruf sie nicht an."

Gott hatte gesprochen. Mein Vater gehorchte.

Der Rest ist Geschichte.

Gefühls-Chaos

Eines Tages werde ich *meinen* Kindern die Geschichte erzählen, wie ihre Mutter und ich uns kennengelernt haben – sehr komische Vorstellung. Allerdings hilft mir diese Erkenntnis momentan in meinem Gefühlslabyrinth nicht sonderlich weiter. „Die Geschichte wirkt in dem Moment, in dem sie geschrieben wird, nie wie Geschichte", sagt John Gardner. „Sie wirkt immer verwirrend und durcheinander und ist immer unangenehm."

Ich bin von der Eheplanung noch weit entfernt – eine potenzielle Kandidatin ist nirgends in Sicht –, aber dafür mittendrin im Gefühls-Chaos. Mich plagen viele Fragen. Werde ich merken, wenn ich in meiner großen Liebesgeschichte mitspiele? Bemerke ich die Anzeichen und weiß, dies ist meine zukünftige Frau? Wird die Zeit einen Moment stillstehen, um mir zu zeigen, dass diese Person – diese eine Person unter den Milliarden Menschen, die auf dem Erdball rumwuseln – die Eine ist? Merke ich, wenn es soweit ist? Oder werde ich es verpassen?

Es ist gut, wenn wir nicht auf alle Fragen eine Antwort wissen. Ich weiß, ich sollte darauf warten, dass das Leben alle Geheimnisse lüftet. Eines Tages, wenn ich älter und schlauer bin, werde ich meine Geschichte jemandem erzählen, der sie hören möchte. Werde ich mich dann an meine Zweifel und fragenden Gebete von heute erinnern? Oder werde ich meine geheimen Sehnsüchte vergessen haben – werden sie verschwunden sein wie Fußabdrücke am Strand? Wahrscheinlich werde ich einem jungen Typ, wie ich jetzt einer bin, dann all die Dinge sagen, die ich heute selbst nicht mehr hören kann: Ich werde ihm raten, Gottes Zeitplan abzuwarten, weil „sicher ist, dass uns am Ende alle Dinge zum Besten dienen". Und natürlich: „Diese Dinge kann man nicht beschleunigen. Es wird zur rechten Zeit passieren."

Eines Tages werde ich meine Geschichte erzählen. Genau wie du. Wie reagierst du, wenn du an deine Liebesgeschichte denkst? Kommen dir Tränen der Freude oder des Bedauerns? Erinnert sie dich an Gottes Genialität oder an dein mangelndes Vertrauen in sein Wohlwollen? Ist es eine Lovestory voller Unschuld, Vertrauen und echter, tiefer Liebe? Oder ist sie von Ungeduld, Egoismus und faulen Kompromissen geprägt? Du hast die Wahl.

Ich ermutige dich (und erinnere mich selbst immer wieder daran), mit deinem Leben eine Liebesgeschichte zu schreiben, auf die du später einmal stolz bist.

Buchempfehlungen

Covey, Stephen, A. Roger Merrill & Rebecca R. Merrill: Der Weg zum Wesentlichen (Campus Verlag 1997)

Elliot, Elisabeth: Eine harte Liebe. Zwischen Reinheit und Leidenschaft (Hänssler Verlag, 2. Auflage 1989)

Lewis, Clive Staples: Was man Liebe nennt (ABCTeam/Brunnen Verlag, 7. Auflage 1995)

Ricucci, Betsy & Gary: Love That Lasts: Making A Magnificent Marriage (Gaithersburg, Md: People Of Destiny 1992)

Tozer, A. W.: Gottes Nähe suchen (Hänssler Verlag 1997)

Dank

An Apple Computers für den Duo 230. An Don Miller, der mit mir bei unzähligen Chili-Hühnchen träumte. An Greg Somerville und Donna Partow, die mich zum Schreiben ermutigten. An Randy Alcorn, der mir zur Seite stand, mir Ratschläge gab, wo ich das Buch vorstellen könnte, mich an meinen Verlag vermittelte und mit seinen Tipps und Ermutigungen beim Schreiben eine große Hilfe war. An Karina Alcorn, weil sie die ersten Kapitel Korrektur gelesen hat. An Stephanie Storey, die wünschte, dass man diesen Teenie-Ideen eine Chance gibt. An Brenda Saltzer, die sie durchlas. An Don Jacobson und den Multnomah-Verlag für ihr Vertrauen, dass auch ein Niemand ein Buch schreiben kann. An Dan Benson, der sich um mich kümmerte, und an Lisa Lauffer für die Überarbeitung. An alle bei Multnomah, die sich um hervorragende Leistungen bemühen. Es ist für mich eine große Ehre, in diesem Verlag zu sein. An Michael Farris für sein Vertrauen in das „Unsichtbare". An Gary und Betsy Ricucci für ihre Insider-Infos zum Thema Ehe. An John Loftness für seine spontane Hilfe. An alle Leser der „New Attitude"-Zeitschrift und alle Konferenzteilnehmer, die für dieses Projekt gebetet haben und daran glaubten. An diejenigen, die mir aus ihrem Leben erzählt haben: Grace Ludlum, Anna Soennecken und ganz besonders an die „Eugene Harris"-Brieffreunde. An Amy Walsh, Grag Spence, Kay Lindly, Debbi Lechner, Matt und Jennie Chancey, Amy Brown, Martha Rupert, Matt und Julie Canlis, Sarah Schlissel, Rebekah Garfield, Kristine Banker, Rebecca Livermore und an Josh Carden, die sich meine Ideen anhörten und genau zur richtigen Zeit von ihren Ansichten berichteten. An die „Clique", meine Brüder und Schwestern im Herrn: Ben Trolese, Ruth und Sheena Littlehale, Julie Womack und Sharon Stricker, deren Ermutigung, Freundschaft und Geduld ein Hoffnungsschimmer in der chaotischen letzten Phase des Manuskripts waren. Danke, dass ihr mich immer wieder ertragen habt: „Müssen wir schon wieder über Verliebtsein sprechen?" Danke, dass ihr ehrlich wart. Dank euch konnte ich ausdrücken, was mir am Herzen lag. An Oma Sato, die mit mir mehr als ein „Mädchen-Problem" durchkaute. An Rebecca St. James für das Vorwort, ihre Freundschaft und ihre Begeisterung für Gott. An Elliot Gren für seine lebenslange Treue zum Herrn. An Andrew Garfield, meinen besten Freund und Bruder im Herrn, der bei den Konferenzen für mich eingesprungen ist, damit ich weiterschreiben konnte. Der nächste Hot Dog geht auf mich, Kumpel. An meinen Bruder Joel, dass ich nachts noch Licht anlassen konnte, um zu tippen. An meine anderen Geschwister, Alex, Brett, Sarah und Isaac, ohne die ich mit diesem Buch schon viel früher fertig geworden wäre. Es hätte nichts geändert – danke für den Lärm. An C.J. Mahany für sein Wissen. Vielen Dank für die vielen Stunden am Telefon, um alles richtigzustellen. An Janet Albers, meine zweite Mama und beste Mitarbeiterin. Sie managte „New Attitude", während ich dieses Buch schrieb. Sie las Korrektur, verbesserte, sie machte alles. Danke für das Vertrauen in mich. An Maike Grabowski für ihre Mühe, die sie in die Übersetzung gesteckt hat, und an ihre Mitbewohner, die den „Lesungen" in der Küche aufmerksam gelauscht und immer wieder gute Ideen beigesteuert haben. An Shannon Hendrickson für ihre Freundschaft und ihr Vertrauen. An meine Eltern, die meine ersten Redakteure waren und es immer bleiben werden. Danke, dass ihr mich dazu erzogen habt, nach den Sternen zu greifen. Danke, dass ihr mich durch die unkreativen Momente geführt habt, und für eure Freude über jedes fertiggestellte Kapitel. Mein Erfolg ist euer Erfolg. Ich liebe euch.

An Jesus Christus, den „Geber der Gaben, der Handeln segnet und bei diesem Projekt half". Er unterstützte und führte mich. Er stellte mir all diese Menschen zur Seite. Er hat mir vergeben. Danke, Herr!

Über den Autor

Joshua Harris ist noch nicht lange genug auf der Welt, um eine lange Biografie vorweisen zu können – aber er arbeitet daran.

Er ist das älteste von sechs Kindern und wurde 1976 geboren. Vier Jahre lang schrieb er für „New Attitude", eine christliche Zeitschrift für Teenies, die zu Hause unterrichtet werden (ja, so etwas gibt's in Amerika!). 1996 ist er von Portland in Oregon an die Ostküste der Vereinigten Staaten gezogen. Dort wird er von den Pastoren der Covenant Life Church in Gaithersburg, Maryland, geschult. Wenn er groß ist, möchte er nämlich Gott als Pastor dienen.

Sein Buch hat in Amerika gewaltiges Aufsehen erregt und steht nun schon seit einigen Monaten auf den christlichen Bestsellerlisten. Zwischenzeitlich ist er durch den großen Erfolg des Buches ein noch gefragterer Redner geworden, als er es vorher schon war, und tingelt auf Jugendkonferenzen und ähnlichen Veranstaltungen im ganzen Land herum. Sein aktuelles Programm ist auf der Website von „New Attitude" ersichtlich:

http://www.newattitude.com/~joshua/

Ihr könnt mit Joshua unter der folgenden Adresse Kontakt aufnehmen (er liebt Post, auch wenn er inzwischen darin ertrinkt, und freut sich über euer Feedback zu diesem Buch. Da er eine Menge Zuschriften bekommt, bitte nicht ungeduldig werden):

Joshua Harris
P.O. Box 249
Gaithersburg, MD 20884-0249
USA
E-Mail: DOIT4JESUS@aol.com